教育路上的追梦人

龚玉玲 著

天津社会科学院出版社

图书在版编目（ＣＩＰ）数据

教育路上的追梦人 / 龚玉玲著 . -- 天津：天津社会科学院出版社，2021.7

ISBN 978-7-5563-0698-5

Ⅰ . ①教… Ⅱ . ①龚… Ⅲ . ①教学研究－文集 Ⅳ . ① G420-53

中国版本图书馆 CIP 数据核字 (2020) 第 252252 号

教育路上的追梦人
JIAOYU LUSHANG DE ZHUIMENGREN

出版发行：天津社会科学院出版社
地　　址：天津市南开区迎水道 7 号
邮　　编：300191
电话 / 传真：（022）23360165（总编室）
　　　　　　（022）23075303（发行科）
网　　址：www.tass-tj.org.cn
印　　刷：英格拉姆印刷（固安）有限公司

开　　本：787×1092 毫米　　1/16
印　　张：14.75
字　　数：210 千字
版　　次：2021 年 7 月第 1 版　2021 年 7 月第 1 次印刷
定　　价：58.00 元

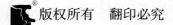

　　在我国中学历史教学战线上，有很多优秀的历史老师，他们肩负着历史教育的光荣使命，在教学工作中倾注着自己的全部心血和才智，取得了丰厚的教学成果。以我的观察，这些优秀的历史老师有一个共同的特点，就是都具有"执着专注、精益求精、一丝不苟、追求卓越"的工匠精神，他们从心底里热爱历史教学的工作，以教书育人为天职，拼尽全力地追求着，上下求索地思考着，坚持不懈地实践着，勇于创新地探索着，终能在平凡的教师岗位上作出了不平凡的业绩。

　　本书的作者龚玉玲，就是这样一位优秀的历史教师。她是天津市武清区杨村第一中学副校长、正高级教师，从事历史教学30年，从一名教学新手成长为教学名师，并且还承担着学校教学的管理工作。这本书就是有关她的教育叙事，从中我们能够看到一位优秀的历史教师对历史教学工作的热爱，对历史教育价值的追寻，对历史课堂教学的实践，对历史教学问题的研究，对青年教师的引领，对所教学生的关爱，对教学管理的探索等，既有教学策略的心得体会，又有经验积累的具体实例。这方方面面、点点滴滴的叙说，朴

质无华，平实不繁，却都是一步步走过来的，一点点干出来的。现在，集腋成裘，聚沙为塔，写成了这本书，使我们从中可以看到一名历史名师的成长与发展的心路历程，也可以从中获得很多启示。

历史学科是一门"究天人之际，通古今之变"的学问，中学历史课程是一门"培根铸魂、启智增慧"的基础课程。学生爱学历史、会学历史、学好历史，很重要的是有好的历史老师的引领。而好的历史老师是有工匠精神的老师，是有教育价值追求的老师，也是认真、踏实、肯干、勤奋的老师，是始终相守着自己事业的本位和本色的老师。龚玉玲就是这样的历史老师，她写下了自己的教育叙事。我想，像她这样的历史老师多了，我们的历史教育事业才真正有希望、有前途。愿每一位历史老师都能成为优秀的历史教育工作者，共同推动中学历史教学这一伟大而平凡的事业不断前行。

是为小序。

叶小兵

首都师范大学历史学院教授

教育部基础教育教学指导委员会历史专委会主任委员

2021年4月

 让教育的生命焕发夺目光彩

　　早在 2003 年教师节前夕，温家宝总理在京看望教师时就提出："要办一流的学校，就要有一流的教师队伍，有一批出色的教育家。"为此，2010 年，教育部颁布《国家中长期教育改革和发展规划纲要（2010—2020 年）》，明确将"教育家办学"写入文件，提出"创造有利条件，鼓励教师和校长在实践中大胆探索，创新教育思想、教育模式和教育方法，形成教学特色和办学风格，造就一批教育家，倡导教育家办学。"

　　进入新时代以来，国家对教育领域又提出了新的要求。2018 年中共中央国务院颁布了《关于全面深化新时代教师队伍建设改革的意见》，明确提出"要深刻认识教师队伍建设的重要意义和总体要求，到 2035 年，教师综合素质、专业化水平和创新能力大幅提升，培养造就数以百万计的骨干教师、数以十万计的卓越教师、数以万计的教育家型教师。"

　　为了贯彻上述要求，2018 年 5 月，"教育部中小学名师名校长领航工程"启动。来自全国的 9 位优秀教师齐聚首都师大培养基地。我和叶小兵教授有幸承担历史学科培养任务。郭子其、龚玉玲两位老师成为首期历史学科学员。

　　然而，如此高规格、高期待的教师培养也对基地工作带来挑战。如何引

领、帮助这个优秀教师群体快速成长？如何找到适合卓越教师发展的路径与方式？诸多问题摆在我们面前。

为此，我们以教师发展理论为指导，建立了"自我超越"的发展理念，制定了如基于研究的公开课、基于实践问题的课题研究、撰写专著、开设讲座等研修任务，同时也为每一位教师量体裁衣制定了研修方案。为了更好地实现培养目标，我受基地委托，为学员们开展教育叙事探究的讲座。

之所以要对学员进行这个讲座，是因为看到了教育叙事对于教师发展的独特意义和价值。

首先，教育叙事探究为教师找到了一种更加适切的研究方式，为教师的解放与赋权找到了现实的途径。相对于以往的科学化研究而言，教育叙事探究更强调与人们教育经验的联系，在研究过程中，它所致力的不再是抽象的、普遍的原理性概括，而是在充分尊重每个个体的生活基础上，通过有关经验的故事来逼近人们的教育经验和实践本身。通过一个个真实的教育故事的描述，去追寻教育参与者的足迹，在倾听教育参与者内心声音的过程中，发掘教育个体或者群体行为中的隐性知识并揭示其蕴涵的价值和意义。可以说，这更加符合广大教师的实际，更有利于教师将研究融入自己职业生活，使自己成为真正的研究者。

其次，教育叙事探究为教师在生活中认识自我和把握自身命运找到了有效方式。一位教育人士说，"教育叙事的确是教师专业生活事件的真情告白，它为广大教师提供了一个极富人情味、极具人文关怀、极具情感魅力的思索领域。"通过叙事，教师们不仅可以自由地表述自己在教育教学实践过程中的亲身经历和内心体验，而且可以为自己的日常生活编织出丰富而深刻的意义，赋予自己的工作和生命以存在的价值。就此而言，教育叙事探究实质上是教师在生活中认识自我，把握自身命运，重建自己自身生活的一种有效方式。

第三，教育叙事探究可以有效地提升教师的实践智慧。教师实践智慧是积累并融于感觉、情绪、经验、心智中的隐性知识。这种隐性知识总是与个体所处的情境联系在一起的。而叙述自己的教育故事，就是将缄默的隐性知识进行外化的过程。叙事探究为蕴含于教育经验中的隐性知识提供了一个表达与传递的平台。

而纵观龚玉玲老师的成书经历，再一次证明教师开展教育叙事探究对于促进教师发展的价值。

在接触龚老师的过程中，我感觉她是一位非常谦和进取的老师。然而，由于身处极其优秀的教师群体，也由于国家、社会赋予的高期待，我常常能感受到她的压力与自卑，以及为能写出高大上"学术著作"的焦虑。她也尝试写高大上著作，但终因时间、精力等原因而未能如愿。而深层原因还在于教师作为被压迫者，受制于高度层级的教育体系和话语体系，使他们难于发出自己内心的声音，展现隐藏在自身生命中的教育智慧。

然而，当龚老师放弃写高大上的著作转而写自己的生命叙事之后，我发现那些"不知道从何说起"的为难没有了，那些高大上的理论、理念在她教育自传里也变得鲜活起来。龚老师"善于言说"了。比如，她在序言中说到："在我的教育教学历程中，原以为的平淡无奇，一定也蕴含着我独有的、能引起他人共情的拔节声响。而每个人的成长，莫不如那春起之苗，不见其增，却必日有所长。"她《注入教学灵魂》一节中写道："德国哲学家雅斯贝尔斯在《什么是教育？》提出教育的本质意味着，一个灵魂唤醒另一个灵魂。针对'灵魂'的解释，孔颖达疏：'……附形之灵为魄，附气之神为魂也。……附所气之神者，谓精神性识渐有所知，此则附气之神也。'可见，灵魂是精神层面的东西。有灵魂的课堂才能够形成一种深刻的力量，才能影响学生的人生方向，引领学生思想和精神向更高境界迈进。只有当课堂有了'灵魂'，才能培养学生形成正确的价值观、高尚的道德情操和健全人格。如果说知识、技能、方法能帮助学生起飞的话，那么价值观、道德观、人格引导，则能助学生在人生成长路上飞得更高、更远。我该如何让我的课堂'内外兼修'拥有'灵魂'？无意中看到朋友手腕上的玉镯，我陷入了深思。人常说'玉不琢不成器'，玉石需要精心打磨、用心雕琢，还需要人气的长久浸润，才能慢慢退去石性，透出温润和温度。能够启迪学生的心灵，有灵魂的课堂应该正如这玉石一样，需要'匠人'怀揣'匠心'精雕细琢。"

是的，龚老师在自己的自传里找到了自我生命的价值和言说教育的感觉。在讲述个人生活的过程中，她不再对教育问题感到惧怕，不再"不知从何说起"而是"有话可说"，而且说得神采飞扬，极富个人魅力。这再次启示我们：作为一线老师们，我们是可以换一种方式说话的。

教育叙事探究的本质在于寻找一种通过教育生活经验的叙述促进人们对于教育及其意义的理解的方式，寻找一种合适地呈现和揭示生活经验乃至理论的言语方式。而事实上，它也确实为教师提供了更为生活化和个性化的言语方式，提供了一种可以让教育理论界听到教师自己声音的方式。在此，龚玉玲老师无疑为我们提供了一个很好的范例。

通过龚老师的成长历程，也再一次证明教师成长发展的规律。

收到龚玉玲老师的书稿，我深深被她成长中一个个鲜活的故事所吸引，更为她一步步拔节式的成长感动。龚老师的成长不就是体现教师成长规律的典型吗？

众所周知，作为一般教师发展而言会经历不同阶段。教师的专业知识和对专业知识的理解并非从师范教育才开始，实际上他们在接受他们的父母亲管教时，他们已经开始观察和体验"什么是好教育"和"什么是坏教育"。等到他们做学生了，他们更直接地体验和理解"什么是好老师"和"什么是坏老师"。他们自己受教育的经历也会深刻地影响他们作为一个教育者的经历。在龚老师的自传中，一个个助其成长的关键事件、关键人物跃然纸上，让我们看到了一位教师成长的真实历程与体验。

为其奠定教师梦想基础的英语甄老师，让我们看到了在"非关注阶段"，作为最重要他人，学生时代的教师对于教师成长的作用。一句温暖关怀的话语冲散了其原本转系想法的大学班主任杨老师和历史系于主任，让我们感受到了教师情感在教师发展中的作用；难忘的第一堂课、第一次区级公开课、第一次任高三把关教师的经历，让我们看到了首因效应在教师发展中的作用；观摩、模仿经验丰富的前辈的课，让我们看到了实践性知识在教师成长中的作用以及师带徒方式的独特价值；在各类评比课中的拼搏、历练，让我们看到了"研究课"对于教师成长的重要意义；从"参与"到"负责"再到"引领"，也让我们看到了走上研究之路，是教师走向可持续发展的必由之路。正如龚老师所言，"一节节的常态课，一节节的公开课，一次次的校、区、市级的教研，一个个的课题探究，一个个或常态或突发的教育案例，让一位位教师从青涩走向成熟，在现实中碰撞理想的内核，使理想生根发芽，茁壮成长。这是如我一样的教师们共有的职业历程。"

对这些经历的揭示，无疑会对很多教师的成长提供参照：看看自己如龚老师一样正在行走在哪个阶段？正在经历哪种美丽的蜕变与拔节？相信在龚老师充满激情的回望与分享中，一定会引起很多老师的共鸣。

通过龚老师的成长历程，也再一次看到卓越教师的优秀品质。

这本书最大特点是真实。因为真实所以感人。龚老师毫无保留把自己对人生的感悟、对教育的领悟、对学科的理解、教育智慧和盘托出，奉献给年轻的后学，虽然是点点滴滴，但无不透着生命的热度与厚度：从机制到机智的师爱之思；从匠人到匠心的教学之悟；从同行到同行的带徒之法；从执行到创意的管理之道。这些真实的感悟让人觉得它源自老师真实的生命体验，而不是空喊出来的口号或抄袭别人的话语，因而具有了完全与教科书学习不同的感受与获得。

这种真实的背后其实还是一种真诚，一种敢于面对自己的勇气和作为卓越教师的开放与豁达。龚老师说："我，作为一名承上启下的中年教师，有三十年积累的经验及教训，又每天与青年教师相处，清楚地了解他们的渴求与困惑。我深知教育之路亦如一条蜿蜒绵长的河，那么每一位青年教师都希望了解何处水深，哪处水浅，哪里水湍，哪里水缓……所以我想，如果把我在教育之路上行走历练的经验和教训写出来，能给同仁，特别是青年教师们，哪怕是一点点的启示、一点点的激励，让他们工作中有一个明确目标，行动中多一些淡定和从容，奋斗时少走一点弯路，这就是一件有意义的事情，是我的分内之事，更是我欣然愿做之事！"

不仅如此，在龚玉玲教师身上，我们还看到了优秀教师诸多品质：责任、信念、热爱、专注、宁静、理性、勤奋、善思、笃行……作为一名平凡而优秀的教师，龚老师在其平凡而朴素的职业生涯中为我们树立了身边具体而真实的榜样。她让我们更进一步地认识：好的教学与教师的生命紧密相连，好的教学就是教师自身生命的演绎，优秀的教学源于教师心灵。她也让我们坚信：每个人都是独特的，也是不完美的；每个人都具有自我发展的潜力和优长；每个人都有自己的价值和尊严；每个人都具有改进的能力和动力；每个人都可以成就自己幸福的人生。龚老师的成长也再次证明：教师一旦认识到教师职业的深层内涵，将教师职业价值回归到教师的职业生活，教师就充满了发展的动力；教师一旦踏上了自我研究与自我发现之旅，教师的工作就充满了动力与创造，教师的生活也就充满了快乐与幸福。

生活之树常青，太阳每天都是新的。我相信，每个老师都有自己的生命体验和教育智慧。大家只要都能像龚老师那样在平凡的岗位不断去行走、去发现、去书写，也一定能像龚老师那样，成为一名让自己生命焕发出光彩的教师。

首都师范大学教授

杨朝晖

2021年4月

时光飞逝，如隙中驹、石中火。一转眼，从 1991 年参加工作到现在，我已从教 30 年。30 年对于时间长河来说太微不足道了，然而对于一个人的职业生涯而言，着实不算短。何况这 30 年是我从稚嫩走向成熟的 30 年。

最近一段时间，我一直在想：是否有必要写一写自己从教的经历，写一写难以忘怀的教育教学场景，写一写常常萦绕在脑海的体会与感悟？然而，我又犹豫：自己只是一名普普通通的教师，在 30 年的教育教学生涯中，几乎过着"过一天，就知道一个月；过一个月，就知道一年；过一年就知道一辈子"的日复一日的、普通的、平常的、平凡的日子。工作、生活更多的是"潭面无风镜未磨"，偶尔会荡起圈圈涟漪，也很快归于平静，谈不上什么跌宕起伏，更说不上什么惊心动魄。这样的经历写出来，会有人读吗？会有人乐于读吗？读了会有收获吗？

环视四周的同行，几乎皆是如我一样普通、平凡的教师。我们幸遇一个和平、安定的年代，也幸有一个安稳、受人尊敬的平台，使我们拥有这"看似寻常不奇崛"的经历。

这寻常的经历就没有记述的价值吗？就像"当时只道是寻常"的"被酒莫惊春睡重，读书消得泼茶香"，原以为的理应如此，其实蕴含着不易觉察的感悟和幸福。那么，在我的教育教学历程中，原以为的平淡无奇，一定也蕴含着我独有的、能引起他人共情的拔节声响。而每个人的成长，莫不如那春起之苗，不见其增，却必日有所长。

一节节的常态课，一节节的公开课，一次次的市级、区级、校级的教研，一个个的课题探究，一个个或常态或突发的教育案例，让一位位教师从青涩走向成熟，在现实中碰撞理想的内核，使理想生根发芽，茁壮成长。这，应该是如我一样的教师们共有的职业历程；回望那充满无悔的付出和无限激情的过往，分享那辛勤耕耘后收获的果实及为人师的那份独有的快乐，展望充满挑战和期许的未来，我想这些应该会引起同行们的共鸣。

此外，在当今新教材、新课改、新高考的大背景下，无论是具有多年丰富经验和坚实专业知识的老教师，还是怀揣梦想、思想活跃的青年教师，都面临着比以往更大的压力和挑战。尤其是青年教师，大学里学习的一些教育教学理念与实际教学联系不够；刚刚熟悉的旧教材，又成了"老皇历"，代之以全新的核心素养理念的统编教材；还要面对知识越来越丰富、个性越来越多样的学生，面对要求越来越高、诉求越来越多的家长；再加上教育教学经验的不足，他们中的一些人无可避免地出现困惑、烦躁、抵触甚至倦怠的情绪。

我，作为一名承上启下的中年教师，有三十年积累的经验及教训，又每天与青年教师相处，清楚地了解他们的渴求与困惑。我深知教育之路亦如一条蜿蜒绵长的河，那么每一位青年教师都希望了解何处水深，哪处水浅，哪里水湍，哪里水缓……

所以我想，如果把我在教育之路上行走历练的经验和教训写出来，能给同仁，特别是青年教师们，哪怕是一点点的启示、一点点的激励，让他们工作中有一个明确目标，行动中多一些淡定和从容，奋斗时少走一点弯路，这就是一件有意义的事情，是我的分内之事，更是我欣然愿做之事！

龚玉玲

2020年6月

第一章 \ 从学子到名师
——我的追梦之路

马丁路德·金说:"我有一个梦想。"大人物,胸怀壮志,创造历史、改变世界;而小人物,也可以心怀锦绣,执着匠心、雕刻理想。成为一名"好老师",是我从学生时代就深藏心底的梦想与渴望,是我做教师30年以来执着的追求,也是推动我不断前行的动力。

多年以来,我深切感受到这个梦想植根于我每一时期的目标和努力中,蕴含在每一年、每一月、每一星期、甚至每一天的目标和努力之中。

第一节

梦想萌芽

生在农村、身为长女的我，从小是父母四邻眼中的乖乖女；上学后，我上课认真听讲，下课认真完成作业，是老师眼中听话懂事的好学生。那时，我不懂梦想，更谈不上有梦想。直到初二那年，也就是 1984 年，我转到了大黄堡中学，遇到了教英语的甄老师，才知道梦想的滋味。

当时刚刚参加工作的甄老师，青春四溢，英姿勃发，一口流利的英语，更增添了他的育人魅力。他似一股旷野的清流，流过十几岁少男少女的心田，甘甜、清爽，迅速赢得了两个班学生的喜爱。甄老师为人是那么方正平和，可敬；待人是那么平易和蔼，可近；处事是那么坦荡直率，可信；育人是那么的宽厚得法，可赞；说话是那么风趣幽默，可爱。在农村孩子的眼里，甄老师简直就是"偶像"一般的存在。

似乎冥冥中我的转学就是为赴英语之约。因为喜欢这个老师，我喜欢上了这个学科，从此英语学习就不再是一件辛苦的事，反而是一种享受。枯燥的英语单词在我眼中有了生命，似一个个美丽而又可爱的小精灵，任我驱遣，演绎语言世界的神奇。我有如大将一般，在五格纸上规规矩矩地舒展她们曼妙的身姿，排列出千姿百态的最美妙阵形。扎实的基本功让时至今日我的英语书写依然整齐规范。

在他人看来，心无旁骛的我错过了很多不该错过的风景。比如放学之后的各种游戏，比如三五好友的说说笑笑，比如正值花季的奇妙幻想……然而，他们哪里知道，失之东隅，收之桑榆，英语的世界里别有天地，我置身其中，乐此不疲。

初中打下的坚实基础让我在高中的英语学习轻松得意。默写200个单词全对；时态语法的检测全对；英语竞赛一等奖。1989年的高考中，百分制的英语成绩，我考了90分，这对于那个年代的农村考生而言，是一个相当不错的成绩了。

然而，与往年不同，那一年高考填报志愿是拿到分数并得知分数线后再填报志愿。遗憾的是，我以几分之差，同本科院校擦肩而过。但因为喜欢英语，认为读个大学专科的英语专业也不错。于是在志愿表上端端正正地写上心仪的大学、钟情的专业——天津师范大学英语系英语专业。之后，我就静待那写着我的名字、载着我的梦想的录取通知书了。

每天我都带着憧憬、带着微笑入梦。

我并不是甄老师最出色的学生，但他却是对我最具影响力的人。因为对老师的崇敬，所以我学习起来格外用心；因为用心，所以不断地有所收获；因为有收获，所以就顺理成章地有了憧憬和梦想。成为一名老师，一名英语老师，一名像甄老师那样的受学生欢迎的英语老师。我相信：有一天，我会成为你。

若干年后，我领悟到：生活中，我们不太可能改变一个人，但是我们可以影响一个人。对他人最具影响力的职业是老师，最能被影响的人是学生，就像甄老师于我。这就是教育的本质：一棵树摇动另一棵树，一朵云推动另一朵云，一个灵魂唤醒另一个灵魂。

我真庆幸，遇到了一位好老师，我也将在成为能影响他人的人——老师的路上继续前行。

那一年，1989年，我19岁。

第二节

事 与 愿 违

　　我每天都虔诚地盼着录取通知书到来。一个阳光明媚的上午，录取通知书终于来了。我兴奋异常，心跳加速，梦想就要实现了。整个人都要飘了起来，幸福得像花儿一样。但是，当我打开通知书时，万万想不到上面赫然写的是：天津师范大学历史系历史专业。手捧着朝思夜盼的通知书，看着格外刺眼的"历史专业"四个字，一种得非所愿的失望弥漫了我的全身，明明是朗日晴空，却觉乌云压顶，胸口憋胀，气难舒张。我已失去上本科的机会，难道还要与钟情的英语失之交臂？一想从此和喜欢的英语一别两散，缘分尽失，不再有交接点，眼泪不可控制地从眼角无声滑落。

　　我怎么也想不到，有生以来对离别的体会竟是我与英语的离别！不甘心，真的是不甘心啊！难道就这样了吗？不行，我要复读，我要上本科，我要学英语！对，就这么着！此时，我血脉偾张，心动不如行动。于是，我翻出课本，坐在桌前。这个时候，我听到了外屋父母杂沓的脚步声和小心翼翼的说话声。父母知道我喜欢英语，深知我拿到通知书后的心情。这让我心一震，又回到了现实。是呀，以那时候大学的录取率，以农村当时的办学条件与水平，能考上学，不管是本科、专科甚至中专，都已是凤毛麟角了。谁家孩子榜上有名，立马成为"别人家的孩子"，不知会招来多少人的羡慕与赞叹呢！公布高考分数线的日子里，"某某考上大学了"是饭桌上父亲必说、最爱说、最乐于说的话题。我懂得那是父亲心中的期盼啊！如今，全村只有我一人考上了大学，这样的荣耀使父亲高兴得合不拢嘴。我也成了全村人茶余饭后谈论的"别人家的孩子"。如果我复读，我无法也不敢想象父亲会有怎样的反应。再说，以我家现有的经济条件，土里刨食的父母要供我们姐弟三人上学已是很不容易了。身为长女，不能尽早为父母分忧，反而给本就倾尽全力的父母再加载添担，我怎能忍心！

后来，跟妈妈聊天时得知，爸爸在知晓我的高考成绩后，立马骑车去集市上把卖菜的妈妈接回家。喜上眉梢的爸爸对妈妈说："知道咱闺女考多少分吗？"我能想象爸爸说话的语气、语调，我能读懂爸爸内心的骄傲、自豪。后来，我真庆幸在学习上执着的自己，在所学专业上没有执拗。

我的父亲是农民，又不是通常意义上的农民。他曾是成绩优异的学子，但因为是"右派"的儿子，痛失了继续深造的机会。当了农民后他每日为生计奔波，把全部希望都寄托在孩子身上。他是那么渴望自己的孩子能学有所成，成有所用。我眼前时常会浮现妈妈给我描绘的画面：老家院里，不善言辞的父亲，手里不停地忙着活计，脸上荡漾着笑意，嘴里反复哼唱着不知名的小曲。女儿考取大学带给他的那份满足，那份喜悦，那种翻来覆去、覆去翻来的简单的愉悦，就在小院漾开来，漾开来……

大学录取通知书的到来并没有给我带来欢喜，却是让我食不甘味、寝不安眠。我左思右想，思来想去，每天脑子都是昏昏沉沉的。直到大学报到的前一天晚上，我脑子灵光一闪，"我已迈进大学的门槛，是否可以转系？是不是英语系的领导看我的英语高考成绩就会同意接收我？"我立刻有一种绝处逢生、柳暗花明的感觉。

自以为找到了出路的我，第二天满怀希望的去天津师范大学报到了。

现在想来，我当年想出的解决问题之道，未必没有实现的可能。然而，一个从农村出来的没有见过世面的女孩子，到了完全陌生的大城市里，到了完全陌生的大学校园，还是胆怯了，犹豫了。

恰在欲进不能、欲退不甘的时候，来自历史系的温暖关怀彻底冲散了我原本转系的想法。报到的当天晚上，我所住的六楼新生寝室里来了两位让我意外的客人：我们的班主任杨老师和临近退休的历史系副主任于主任。喘息甫定，她们关切地问我："怎么来的啊？谁送来的啊？路上顺利吗？晚饭吃得怎么样？"忙了这一天！这么大年纪！爬了六层楼！平易近人的家常话、优雅得体的举止、亲切温暖的笑容，一下子触动了我一个农村女孩内心最柔软的地方。倏忽之间，我觉得学历史的人原来也可以如此亲和，让人亲近，令人崇拜啊！

就这么一个平常的傍晚，就这么短短20多分钟的时间，就这样的一次暖心的交流，我内心的不甘与纠结居然被化解了。转系的事，还是算了吧！于是我踏踏实实地在天津师大开始了历史专业的学习。

后来我才知道，我没被英语系录取是因为我没有英语的口语考试成绩。我根本就没考，因为我根本就不知道还需要考。如果参加，我一定能取得不错的成绩。但现实中没有如果。就这样前赶后错，我机缘巧合地驶入了学习历史的人生轨道。

本是被动的选择，却变成了心甘情愿的接纳。这一接纳使历史神秘的面纱徐徐揭开，向我展示了一个丝毫不逊色于英语的、丰富的、多姿多彩的世界。在这里，每一个时间节点、每一个地点、每一件事情背后都是活生生的人，他们有筋有骨，有血有肉。有人就有故事，这些人和故事构成了我们的历史，正如我们和我们的故事也将构成以后的历史。鉴古知今，以前世之兴衰为鉴，考当今行之得失，资于治道，这就是学历史的要义所在。当时，我的认知未见得如此明晰，但彼时我们获取知识的途径与方法同今天相比实在是天壤云泥。哪一个书生意气的同学少年能抵挡得了听故事的诱惑呢？

我以冲刺高考的学习劲头与热情畅游在历史的海洋中。两年的大学专业的学习，我所有的专业科目都在90分以上，每学期我都拿到奖学金。我在班里担任生活委员。在工作、生活中遇到困惑麻烦时，我的班主任杨老师总是支持我、鼓励我、指导我。我时常与老师探讨人生和理想。时至今日，每每想起杨老师温柔的眼神以及充满激励又富于哲理的话语，我内心总感觉暖暖的。个人的努力、师长的信任与学校的奖励，使我的大学生活充实而多彩，高考留给我的遗憾也很少再想起。

对历史专业的深入学习，让我认识到，当你面对一个你不想接纳、不愿接纳甚至很抵触的事物时，不要急着拒绝、躲开，而是走近前，试着拿起这个梨子，尝一尝，它或许就会激活了你尚在沉睡的味蕾，引领你去品味别样的饕餮大餐。世上的美味不止一种，舌尖上的体验怎可错过？到了眼前的机会就该品尝，否则，岂不是对造化的辜负？还好，我没有躲避，而是大快朵颐。

上大学这件事让我认识到：人生中不是每一件事都如你所愿，总会有一些事儿不遂人愿，而且没有办法改变。重要的是我们一定要以积极的心态面对，全力以赴地去作为。然后，你通常会发现一个新的百花园。

有句话是这样说的：上帝给你关上了一扇门，一定会再给你打开一扇窗。的确如此，又不仅仅如此。多年后我发现这门、窗，并非像平行线各有各的运行轨迹，永不相交，互不相干，对构筑高楼大厦来说，它们是不可或缺的一部分，是一个整体；它们之间不是非此即彼，非彼即此，而是互相支撑，彼此成全。

2014 年，当我以一个历史教师的身份，作为天津市中小学"未来教育家奠基工程"三期优秀学员之一被选定去澳大利亚研修考察时，需要通过中国国际化人才外语考试（简称 BFT）。这让我终于和曾经的英语再次有了交集。本以为过去了整整 24 年，我学的那些英语知识早已模糊了、消失了。但是，当我再次拿起书本，那些英语中学过的短语、时态、语态等神奇般地复活了。本以为举步维艰的学习变得顺畅快乐。无论是平时的训练，还是 BFT 考试，我的完形填空和阅读理解无一错误，最后取得了 137 分，超过合格线 17 分。这又让我明白，所有走的路都不会白走，所有流的汗水都不会白流，它们终会在适合的时间、适合的地点，与现在的你相遇、碰撞，带给你惊喜！

转眼间，两年的大学生活结束了。读了不少的书，取得了较好的成绩，又有了实习的经验后，我自觉有底气了，离职业梦想更近了。

那一年，1991 年，我 21 岁。

第三节

初出茅庐

　　1991 年 7 月，作为一名历史教师，我被天津市武清区教育局分配到了区属高中——大良中学。怀揣报到通知，还有对新身份的忐忑与期许，我踏进学校的大门。我真的成为一名老师了！真的可以成为我崇拜的英语老师和大学老师那样的人了！真的可以助父母一臂之力，减轻家庭负担了！这种存在感、价值感、被需要感带给我的兴奋和快乐，远非语言所能形容。

　　上班第一天父亲嘱咐我的一句话让我牢记至今："既然当了老师，就一定要当个好老师。"我知道，那是父亲对我的期望，期望我做一名认真负责的老师，期望我做一名被学生、被家长称赞的老师。说实话，我虽然接受的是师范教育，有初中甄老师、大学班主任杨老师这样的榜样指引，但当时并不清楚好老师的标准是什么，对"好老师"并没有具体清晰的概念，也没有人告诉我怎样做才能成为好老师，当时只觉得自己要认真、要用心、要尽力做好本职工作。就这样，凭借年轻人的一腔热情和依葫芦画瓢的心理开始了我的职业生涯。

　　上班第一年，我承担了高一年级两个班的历史教学任务。

　　在当时农村的初中校，历史学科不能按规定开设。或者虽然开设，也是可有可无的"副科"。每到期中期末，课程常常被挤占。学生对历史学科并不陌生，但是历史的知识却像一张白纸。可到了高中，情形就完全不一样了，历史成了文科学生的高考学科。

面对历史知识近似一张白纸的学生，我暗自盘算：我的首秀如何做才能"镇住"学生，充分展示我的最佳风采和学科技能？所以我在备课上下足了功夫。我深知"台上一分钟，台下十年功的"的道理，也知道"要给学生一杯水，自己要有一桶水"的深义。为了这45分钟的首秀，我在开学前就着手准备，一方面调取自己所学的专业知识；另一方面研读教学大纲，翻遍了手头能找到的参考书，还从自己不多的工资中拿出一部分来买一些参考书和练习资料。由于准备充分，当我第一次登上属于我的讲台前，我精神抖擞、胸有成竹；但是，走上讲台那一刻，面对几十名坐得整整齐齐、眼睛齐刷刷地盯着我的学生，我不觉口干舌燥，心跳加快，血往上涌，两颊发烫，手心也变得潮乎乎的了。上课时，我已不知自己讲了什么啦。下课铃声响起，我如释重负，匆匆逃回了办公室——就这么懵懵懂懂、紧紧张张、仓仓促促地完成了我的"首秀"。

信心满满，"野心勃勃"的我，对自己第一节课的表现十分不满意。而课后学生们却对我说："这是我上的第一节真正意义上的历史课，我们特别喜欢上您的课。"我意识到，初为人师的我的确给那些生长在农村、见识有限的孩子们带来了一股清风；但我更知道这是质朴的孩子们对我的厚爱与包容，是他们上课时全神贯注的神情，下课时乐于与我相亲相近的行为，给我鼓励，给我自信，促使我进步、成长。

第一堂课让我知道了自己还不是一块好钢，也让我觉得"纸上得来终觉浅，绝知此事要躬行""知易行难"绝非虚言。我及时调整了自己的心理状态与课堂节奏，此后上课，我明显变得从容镇定了很多。

步入正轨后，备课、上课、批改作业、辅导学生，每一步我都认真勤勉，丝毫不敢懈怠。我本以为上课讲了的知识学生就能掌握；作业不断强化，学生必会熟练掌握，但事实远非如此。在第一次检测后，我发现了大问题：学生上课状态很好，成绩却不尽如人意。为什么会事倍功半？通过深入反思，再加上学生的反馈，我终于明白了：必须将我的费心费力转变为对学生的尽心尽力，这才是教学效果的关键。

找到问题的症结，我开始对症下药。

首先，我向老前辈们学绝活。观摩经验丰富的老前辈的课，是每一个新入职教师必修课，我欣然加入了这个行列，学前辈们上课的精髓，留意他们课下的妙招。这让我受益多多。其次，我还时刻留意他们课堂下所做的一切，比如作业的处理，比如自习课如何辅导学生，等等。

我深知，学来的曲能唱，但一定唱不过原唱。如何加入我的思考和创新，成了我日夜思考的问题。我尝试着改变以前只偏重知识储备的做法，更多地关注教材教法和学法，把互动式、启发式、活动式教学方法融入课堂教学中，并且注重旧知的带入和新知的呈现方式，把一个个枯燥的名字变成了一个个饱满的历史人物，把一个个单调的事件变成了一个个生动的历史故事。这有效地激发了学生的兴趣，提高了学生识记与理解的能力，逐步形成了既融洽又高效的课堂教学氛围。

此外，我注重作业的落实。不光看学生的作业做没做，还要看他怎么做的、做得怎么样。哪位学生的作业做得认真，完成度高，我鼓励；哪位学生的作业有错误，我会弄清楚他为什么错；共性的问题，统一讲解；个性的问题，单独面批面改。为此，我付出了更多的时间和精力。当时的我很年轻，没有家庭的负担，加上父母的支持，我又吃住在学校，这让我有更多的时间和精力投入到工作中，课间、晚自习、教室、办公室、操场，或一对一，或面对一小群，学生在哪里，我就在哪里。

为了解决学不得法、学不达标的问题，我还专门去市里买来我曾经读过的、喜欢的、感觉会对他们有帮助的《如何学好历史》等书籍送给他们。这在今天看来，实在微不足道，但在当时对经济捉襟见肘，不能买到、亦无渠道见到书籍的孩子们来说无异于雪中送炭，其影响还是显而易见的。

就这样，在这亦师亦友的接触中，我了解的不仅是学生知识的掌握情况，还了解了学生的日常学习状态及情绪的变化。

有一个女生，原本阳光聪慧，成绩优秀，后来我发现她变得沉默寡言了，上课提不起精神，成绩日渐退步。我想，这必定事出有因，本想问个究竟。但是这个时候，我想起了我的大学班主任杨老师说过的话：表达善意和尊重是最好的帮助。因此，随时随地，我特别留意她的言行举止的变化，并适时适度地表达对她的肯定与期望、关注与鼓励。在我调离大良中学时，还特意嘱咐她的同桌一定要督促她好好学习，不要辜负了她那与生俱来的天资与悟性。当时，我不知道这样做有什么理论依据，也不知道是否能收到预期的效果。但我知道，大学班主任老师对我的关爱、尊重与帮助给我的人生带来的深刻影响，我认为这是我该做、能做、愿意做的。

二十年后，这个女生已成为单位的一名业务骨干，她怀着激动的心情向我述说她曾经的心路历程："当年我遇到的一些不可言说的挫折让我有些自卑、有些迷茫，是您的鼓励和信任给了我温暖、自信和力量，支撑着我考入了大学，走到了现在。"

这时我才意识到，对于处于迷茫、浮躁、敏感、自卑的青春期的孩子们来说，你不要为不能走进他们的心灵而纠结，有时他们需要的就是关怀和鼓励，是尊重，是爱，这就足够了。现在想来，教育最大的法宝就是爱。因为爱，而尊重，因为尊重，而少有指责，多了关怀，多了呵护。这就是一种爱的鼓励与传递。每每想起当年我对她、对所有我教过的孩子们所付出的爱和鼓励，我都甚感安慰。每当学生向我回忆起当年的种种情景，他们脸上那份愉悦、那份满足、那份感激之情，让我心涌热浪，眼睛湿润。其实真正要感激的还是我的孩子们，他们的成长是对我最好的肯定与回报。更重要的是，随着他们的成长，我也在成熟。

随着对教学的不断熟悉和对学生了解的不断深入，我的思想开始"不安分"了。我想，高一的历史课堂学习效果和成绩会直接影响到学生到高二时对文、理科的选择，甚至会影响学生的未来发展方向。同样的，对教师而言，高一教得好，就能跟着上高二，最终能够带高三毕业班。而作为高中老师，能不能上高三是衡量教学能力的一个重要标准。不经过一轮高三摔打的老师，不能算是一个好老师。目标清晰明确了，我不遗余力地投入到教育教学中去。

第二年，我如愿跟着上了高二，担任两个文科班的历史教学任务。

这一学年结束，我调离了这所工作伊始就给我温暖给我力量的学校，告别了可敬的老师们和我可爱的学生们。

一个老师在学生心目中是什么样子，不是看他教的时候，而是看他不教的时候。虽然我调离了那所学校，没有送这届学生到高三毕业，但是在他们毕业十周年聚会时，仍然盛情邀请我参加。我一直保留着那年我离开的时候同学们赠给我的一本相册。每每翻看相册，看着那稚嫩的字迹，一个个青涩的面孔就会浮现在我的眼前，仿佛回到了当年。当孩子们突然听到我调离消息时，匆忙买来相册，匆忙题上不舍，脚步追随徐徐起动的汽车，双手不停地挥舞。车内的我听不清他们喊的什么，只觉喉咙热辣，泪眼蒙眬。

那一刻，我明白了，不问收获，但问耕耘，一定有收获。

那一刻，我明白了，只管去做，留待他人评说。

那一刻，我觉得，我没有辜负父亲的期望，恩师们的教诲。

那一刻，我觉得，我离成为一名"好老师"的梦想更近了，更近了。

那一年，1993 年，我 23 岁。

第四节

再上层楼

    我在大良中学工作的两年，随着挥别的手臂成了回忆。无论青涩还是成熟，它都成为我成长为"好老师"的基石。

    我到杨村第一中学报到了。说句实在话，能成为这里的一分子，我感觉无比幸运和骄傲。这里有更大的舞台，有更优秀的前辈和同行，我定能在我的梦想之路上走得更快、更稳、更远。

    杨村第一中学是天津市级重点中学，在全市乃至全国，都享有较高的声望。当我真正在这里开始工作了，才开始慢慢体会"重点中学"的真正含义。它远不只是比普通校级别高、规模大、工作环境好。它更意味着：教师职业素养的高标准，课堂教学的高质量，学术文化氛围的高水平，以及对国家及社会担负的更大责任。在它悠久的办学历史进程中，涌现了一批又一批德高望重、学养深厚的教育工作者。前辈先贤筚路蓝缕，励精图治，艰苦创业，培养了一届又一届德才兼备、学业精进的毕业生，取得了一个又一个令人瞩目的成绩，形成了学校独有的学术文化氛围，赢得了社会各界的广泛赞誉。

    当时只有两年教龄的我，身处大咖云集的群体中，自觉无比渺小，唯有愈加努力，勤勤恳恳，兢兢业业，一丝不苟，任劳任怨才能追赶上前辈。刚开始的两年，我承担了高师班（定向报考师范院校的班级）及高一年级四个班学业水平考试的教学任务。常常是一天四节课，一上就半天，以致有一段时间嗓子处于几近失声状态。但是我丝毫不敢懈怠，从未耽误过一节课。虽然历史只是会考学科，但学生们都踏实努力，积极配合，最终会考 A 率特别高，在同级别学校中成绩遥遥领先。

1996 年，学校由塔园路搬到了泉州路的新校区。就在这一年，我承担了高一年级五个班的历史教学和一个班的班主任工作。

·倾一腔爱，嗅杏坛香·

那时，我已结婚成家，儿子两岁多。为了全身心地投入工作，我把孩子送回老家让老人照顾，只在周六日回家看望。按照惯例，学生们每两周休息一次，周五下午放学离校，周日晚饭前返校。而我回老家只能乘坐每天只有一趟的长途班车。因此年幼的儿子每两周才能与母亲共度一个夜晚。内心的不舍与愧疚只能在夜晚将儿子紧紧搂在怀中才得到些许缓解。每一次与儿子相聚都是这样的情形：周六下午，儿子用怯生生的眼神迎来妈妈，周日一大早，小手紧拉着妈妈的衣襟送走妈妈，有时则是哇哇大哭。多年后，儿子和我开玩笑说："我好像不是您亲儿子，您的学生才是您亲孩子。"是的，在儿子成长过程中缺少母亲的陪伴，但终有一天他终会理解，当一个人在能力和经验都不足时就登上一个崭新的舞台，唯有加倍的投入才能弥补实力的不足。

陪自己孩子的时间短了，陪班上孩子的时间长了。我可以随时随地了解学生的生活情况和学习状态，及时解决各种突发事件。

在课间，我常常到教室转转，看似闲聊几句，往往能及时了解到班里学生的情况；体育活动课，我会与他们一起做有趣的运动项目；联欢活动前，我也会陪他们一起排练节目。在与学生接触的过程中，我发现学生特别愿意看到老师在教室外的一面。他们认为这样的老师才是容易接近的、容易相处的、真实的。这时候我是老师，又像朋友。不知不觉成了学生中的一分子，和他们融为一体，心贴得更近，班级的凝聚力在不知不觉中增强了。一旦出现任何状况，他们第一时间想到的、通知到的就是我。

有一次，班内一个家在乡下的住宿学生生病了，当时家长不在身边，疼痛难以忍耐。宿舍的学生都是同龄的孩子，没见过这样的状况，一时间慌了手脚。我在早上 5:00 接到电话后立即赶到学校，打车带她到医院，挂号、缴费、验血、做检查，结果是急性阑尾炎。当临近中午家长急急忙忙赶来时，我已经把这一切处理停当。还给没顾上吃午饭的家长送去包子……

当我回到学校时，又到上课的时间了。我在办公室随口说的"从早上到现在我还没吃饭呢"，被物理科代表听到了。几分钟后，她给我送来一个面包。刹那之间，一股暖流涌遍全身，这让我明白爱是相互的。

记得有一次，我提出"某某同学，你适合报文科班。"这本是根据我对她的了解说出的一句心里话，没想到她很不开心。原因竟然是：老师是不是不想要我了？得知真相后，我笑了。她是真心舍不得这个班啊！

我给人的最初印象往往是严格的甚至是严厉的。但是在与学生们日日相处之后，他们体会到我对他们无私的关爱。陪他们出早操，陪他们上晚自习，陪他们参加各种活动，陪他们奔赴考场，我对每一个学生都关怀备至。他们的成长，一直有我的陪伴与呵护。

功夫不负有心人。在师生的共同努力下，我带的历届班级凝聚力超强，全班同学心往一处想，劲往一处使，成为人人羡慕、向往的"三好班集体"。

毕业后，很多同学每年都会回来看望我。同学们聚会，如果我能抽出时间参加，他们会特别开心。与我分享高中时他们的小秘密、乐事、糗事，讲述他们现在的成就与困惑，无论工作的，还是生活的。我是他们思想的引领者，故事的倾听者，幸福的分享者，成长的见证者。看着学生们健康的成长，仿佛看到了自己的孩子，那份美好与幸福不可言喻。

补齐短板，筑牢根基

我清楚地知道，重点中学的教师不仅要有勤勉的教学态度，更要有扎实过硬的专业知识、高超的教育教学能力、开阔的视野和科学的探索精神。而这些都是我的弱项。怎么办？我要全面提升自己的专业素养和学养，首要任务是提高学历。有人说学历不等同于学力，但我认为一个人的学习经历通常是学识、思想及修养共同进步的过程。我清楚地知道我的学历不高，这是明显的短板，我必须补齐。

机会终于来了，1995 年春，我参加了天津市专科接本科统一考试，如愿被录取了。自 1995 年 8 月至 1998 年 7 月，我在天津师范大学进行了为期三年的寒暑假进修专接本的学习生活。

当年专接本进修时的学习要求是非常严格的。每天早晨 6:30 起床，晚上 9:00 下课，上午、下午、晚上均上课，中午还要完成作业。每天的学习异常紧张，但我非常享受这种高强度的学习带来的充实和快乐。记得一次教甲骨文课的老师在课间休息时夸奖我说："上课时你眼睛瞪得圆圆的，听得好认真呦！"是呀，人们常说失去了的东西才懂得它的珍贵。失去了又有机会弥补岂不更让人珍惜。能够有机会带着教学实践中遇到的问题重返大学课堂，寻找答案，这经历对我来说太珍贵了。学历进修拓宽了我们的知识面，尤其是历史上重要朝代专题史的知识面。此外，对历史教学理论、教育学、教育心理学的深入学习，让我意识到自己工作中存在热情有余、方法单一等诸多问题。更为难得的是，一群有教学经验的老师一起入校住宿学习，讨论教育教学问题的机会就多了。下了晚自习，回到宿舍，我们先把藏在褥子底下的蟑螂清扫走，在洗漱完毕后又躺在床上开始讨论老师上课讲的内容，谈论以前在教育教学中自己是如何处理这些内容的，这仿佛成了每天晚上下晚自习之后我们自己加的一节大研讨课，是大家每晚最期待的"加餐"。虽然我们都远离幼子，经济拮据，但我们相互鼓励，相互帮助，坚持全勤，保质保量完成作业，最终我们都以优秀的成绩完成了本科学历的进修任务。

1999 年春天，我迎来了第一次区级公开课。虽然有了学历提升之后知识与心理的自信，但要面对全区的历史老师和有着丰富教育教学经验的专家领导，展示自己专业水准和驾驭课堂的能力，要说不怯场是不可能的。但我想，通过自己精心的准备，加上本校的资深教师和教研员的倾力相助，我有信心抓住这次机会，崭露头角。即使有缺点和不足，不也正是我继续提高的动力吗！就这样，忐忑中，我做了以"洋务运动"为题的区级公开课。没想到，反响还真不错。有限时间的备课，45分钟的展示，却在方方面面让我的课堂有了质的提升，我信心大增。

·杏坛拾贝，集腋成裘·

作为高中老师，能不能上高三是衡量教学能力的一个重要标准。没经过高三摔打的老师，怎么算是个好老师？当我真的身处高三经验丰富的优秀教师群体中时，又一次发现了通往"好老师"之路才只是开始。

身边优秀榜样资源啊，我怎样才能用到极致呢？2000年，任教高三的我，整整听了我校历史学科的领军人物——史学忠老师一年的课。他的课，每一节都很精彩，我叹服。我知道，优秀的老师都有自己的"绝活"，这是多年摸索积累的教学精髓，这是"专利"啊。但是，史老师没有半点犹豫，更无一丝推托，告诉我可以随时去听课，还经常与我交流，为我指点迷津。每天，我都是先听史老师的课，梳理思路后，再上自己班的课。

这一年的听课，仿佛是在弥补我不是史老师学生的遗憾，也在教育教学上给我充足底气，更让我意识到了作为重点校教师的担当。史老师的课堂对我敞开大门，他希望年轻的同行更优秀，甚至能超越他。他的自信、勇气、大家胸怀风范，为我树立一面旗帜。所以，当我后来成为一名师傅、一名名师，成为名师工作室的主持人时，我的课堂也一样是开放的。是他教会了我：千花百卉争明媚，这才是校园课堂应有的风景。

2003年，我与史老师又同在高三任课的时候，我依然听了史老师整整一年的课。包括周六、周日补课，我也准时去听。只不过，这次是我先上课，再听史老师的课。我在比较中查漏补缺，用心体会史老师的教学设计与设计目标。通过听课对比自己不足的学习方式，不仅让我能够清晰地看到自己的一堂课有哪些不足，还迫使我思考自己差在哪里，差的原因是什么，如何弥补。这一年中，每天的听课、思考、弥补、实践，让我的课堂驾驭能力有了长足的进步。我的课堂也如一潭活水，逐渐地，我也可以很自然、自如地把时事融入其中，让历史不仅仅是历史，真正体现学习历史"鉴前世之兴衰，考当今之行失"的要义。

在校内向史老师取真经，同时我也期待有机会出去多学习。于是，我一方面积极参加学校和武清区里组织的各项教科研活动，另一方面联系武清区教研室的历史教研员孙朝合老师，争取外出听课学习的机会。此后，只要市里有教研活动，不管通知到什么层面、哪一个年级，我都跟随孙老师无一遗漏地参加，还常常幸运地跟着他"蹭课"——参加由全市教研员和教学骨干参与的评课活动。通过这样的学习方式，我不仅从观摩课上得到了实战经验，还对评价一节好课的标准做到了心中有数，也越发清楚努力的方向。

清空杯子，向后一步

经过校内校外不断地学习，几次区里公开课的历练，此时，我已有很大的提高，自信十足。2002年天津市第四届双优课前期的多轮筛选中，我表现突出，最终顺利进入市级决赛。

天津市双优课是各类评比课中含金量最高的，它最能代表一位教师的实力和水平。这样高规格的比赛，哪位教师不想获得市级一等奖呢？哪位教师不想借此机会证明自己的授课水平呢？我自认信心满满时，却获得了二等奖。这太丢人了！我不敢想、不愿想、更不愿提及这令我"丢脸"的二等奖。痛苦和遗憾萦绕心头，很久都挥之不去。

我想我应该总结一下那次双优课的教训，将我的反思和收获分享给其他成长中的青年老师们，为他们提供一些借鉴和启发。

当得知我要代表全区历史老师参加天津市双优课评选时，我的第一想法就是：千万不能辜负大家的信任，必须得一等奖。这种想法对当时好胜心切的我却形成了巨大的心理压力。另外，当时学校有三位其他学科的老师一同参加市级双优课的评比，学校只有一个多功能教室，如何安排？只能抓阄。为了能用上还是新鲜事物的电教手段授课，在抓阄之前我忐忑不安，在通知讲课的第一天里，整个人几乎就是在这种不安的心绪中度过的。最后，天不负我，我"幸运"地抓到了多功能教室使用机会。但兴奋冲昏了头脑，在当时电教手段还不太普遍的情况下，我用尽了浑身解数，告诉自己一定要做出个"高大上"的幻灯片、选用经典的录像等。当时我一头扎进了自己并不擅长的电教设备的使用与多媒体手段的准备中。在有限的一周准备时间里，乱了阵脚，乱了思路，偏离了重点。从接到通知到讲课，一共是六天的时间。在这六天里，抓阄耗费了一天的心绪，找录像、图片、素材用掉了周六、周日两天的时间。还有四天的时间做教学设计、制作幻灯片，这期间还把注意力主要用在了电教辅助手段上，而对于教学内容缺乏深入思考，设计理念缺乏深度挖掘，问题设置缺乏层次性。可想而知，这样的课堂哪里能评上一等奖呢？但当时的我全然不觉，直到评比结果公布，我依然骄傲地像一只装满水的杯子，反思不出自己存在的问题。只觉得这二等奖的证书太刺眼了。我逃避，我懊悔，我烦恼。

数日之后，父亲无意间对我说："做个好老师哪有那么容易呀！"一下子点醒了我。慢慢冷静之后，我陷入了深思：我的问题到底出在哪里？做教师的初心是什么？参加评比的初衷是什么？是它带来的虚名，奖状或荣誉？还是……我猛然清醒了，获奖只是"好教师"被认同的附属品而已。竞赛的本真就是学习，向优秀的同行学习经验，也包括从失败中吸取教训，看到问题和差距，明确努力的方向——任何时候都要注重课堂实实在在的内在品质，不能只注重形式。这次"失败"的双优课成为我做个"好老师"梦想征程上的一个助推器。

下一步我就要思考，如何将失败变为成长的新起点？

我想，利用现代化手段与传统教学模式相结合，为之注入活力肯定是未来几年的发展方向，我的问题是没有把握好主次关系，忽略了教学中最重要的东西。想到此，心中豁然开朗，我这"二等奖"太值得了。我这"装满水的杯子"，一下子就清空了。后退一步，抖擞精神，重新开始。

然而，该如何利用网络，提高课堂效率，这是每位教师面临的新课题。为了学习先进的网络技术，2002 年，我连续十几次去市里听课。既然文史不分家，我就史、地、政、语文各个学科的网络公开课都去听，"偷"人家的经验，"借"人家技巧。奔波，辛苦，顾不上吃饭，但没耽误一节课、一个晚自习。带着学来的经验，连着多个夜晚，摸索如何做网络课件至夜深人静，长时间在电脑前，眼睛极度疲劳，以致犯了急性角膜炎，不仅红眼了，而且很长一段时间流泪不止，疼痛，视线模糊。但令我欣慰的是，我做了全区第一节历史网络观摩课"抗日救亡运动的新高涨"。课后，听课的老师们纷纷做了点评：网络课的信息量非常大，有利于拓宽学生的知识面；有利于学生自主学习，有利于师生之间、生生之间的相互交流，有利于学生根据自己的实际情况进行个性化学习，有充分的答疑时间等等。老师们对网络课教学这个新方式给予了充分的肯定。但是教研员孙老师在最后点评提出了一个本质性问题：教师在网络课上如何充分发挥主导作用还需要深入思考。这再次引起了我的反思。

我给自己提出了三个问题：一是基于网络授课，本节课还存在哪些不足？二是与传统授课方式相比，这节课还有哪些需要改进的地方？第三，如果重讲一次，在教学和技术上应如何完善？

从当时新兴的网络技术来讲，我不是专业人员，无论是从色彩的搭配、录像的剪辑、以及各级链接上看，它们都显得有些不和谐、不精练。其次，与传统教学对比来说，传统教学中教师讲解较多，对于重点知识的剖析、学生情感的调动、正确价值观的引领，易于升华和渗透。而网络课堂上，这些则显得逊色。这也正是教研员提出问题的关键所在。

基于以上的分析，我请专业人员帮助我修改了主页颜色的搭配，精炼了链接内容，删掉了一些不必要的链接。为了弥补网络课的不足，适当增加了 5 分钟对重点概念的解释，同时再次精选了与内容相适应的录像材料，以弥补传统教学方式带来的不足。修改后，我又录制了一节网络录像课。随后我的网络课件和网络录像也双双获得市级奖励。

通过这件事我认识到，对新事物我们必须率先接纳，在接纳中实践，在实践中反思，在反思中收获。因为直面失败，因为敢于反省，因为乐于改变，我快速成长，我日渐成熟。

"互联网+"时代的到来，以及疫情期间全国各大中小学校线上教学的有效开展，都在告诉我们，对新事物我们必须以积极的心态接纳和学习，要不断"清空杯子"，更新升级"软件"，否则我们无从引领可畏的后生学子们，无从紧跟网络时代的飞速发展。

厚积薄发、脱颖而出

1999 年的 6 月，我在杨村第一中学带的第一届毕业班迎来了高考的检验。不出所料，他们取得了优异的成绩，甚至超过了两所市直属重点的学校。

因成绩突出，我应天津市教研室的邀请，在天津市 1999 年高考经验交流大会上做经验介绍，获得一致好评。但随着交流的深入，我发现了自己的另一个明显短板：有效的教学实践，因缺少必要的理论支撑，使交流内容显得生动有余，厚重不足，因而不具有普适性。从那一年开始，在增加阅读量的同时（关于阅读内容在第五章第二节中叙述），每年坚持完成至少各一篇的班级管理和教学论文的撰写，有多篇在市级、区级论文评比中获奖。

在参与天津市教辅材料的编写工作中，我深深感到自己亟须提高教学的全局意识。于是，我开始了参与课题的研究（关于课题研究的相关内容在第四章）。

成长犹如在沙滩上行走，每前进一步，都会留下一个脚印。经过几轮高三的历练，我已成长为一名成熟的教师。连续几年，在开学初，我都受武清区教研室委托给全区骨干教师做教材分析。我还被不同的单位聘为兼职教研员、考研小组成员、双优课评审委员、教师培训特聘教师、课题研究培训项目指导教师、课题指导专家、高中青年教师培训项目领衔专家、继续教育培训学科辅导员等。

职称评定时，在中学一级教师指标极少的 1999 年，我顺利晋级。

2004 年，刚刚符合评选中学高级职称的我，以各项评比第一的成绩顺利晋级。

2012 年，我申报特级教师成功，那一年我 42 岁。

通过特级教师评选，我陷入深深地思考：自己何德何能享受此项殊荣？我为教育做了什么？我还能为教育做些什么，才能不辜负一名特级教师的使命和担当？我不断提醒自己不要因为顺利晋级而自满、懈怠。因为我还年轻，还有很多教育教学问题要探寻，还有梦想要追寻，我要一如既往，继续向前。

第五节

任重道远

2013 年 5 月，在经历了个人自荐、专家举荐、区县推荐、阅档、笔试、面试、综合评议、公示、签约等层层遴选之后，我幸运地成为天津市中小学"未来教育家奠基工程"学员之一。

"未来教育家"奠基工程作为天津市委、市政府一项重点工程，受到天津市教育委员会高度重视。通过考察候选人有无自我发展的愿望，同行、专家和所在区县对其的认可度，及对候选人教育教学能力、专业理论水平等进行全面测评，最终从 220 名入选者中选拔出 104 人。可以说，这些人是在中小学及教研室不同岗位上当之无愧的骨干教师。

开班仪式上，听着领导们的谆谆教诲和殷切期望，环视身边的同行们，在激动兴奋之外，我更感到这项工程的深远意义及肩上责任之重大。我暗自思忖："脱了一层皮"才能成为这个工程的一员，我必须学有所获，才不枉这"高起点"，才能担当起这份"未来教育家奠基工程"的责任。

天津市副市长张俊芳曾在天津市未来教育家奠基工程学员教育成果丛书总序中这样写道："实施未来教育家奠基工程，目的主要是着眼未来，培养基础教育高端人才，力争经过 3～5 年、甚至 8～10 年的努力，培养和造就一批在全国有影响的高层次教育家型名师、名校长，在全市起到示范和引领作用，带动教师队伍整体素质进一步提升。"这是天津市政府对我们的期望，也是我们的职责。

在研修过程中，奠基工程的组织者们重视从学员实际需要出发，同时重视理论的指导，更注重实效性。在培训形式上，将理论与实践相结合，这恰好弥补了我在教育教学理论方面的不足。在组织构建上，创造性地实行双导师制，为每位学员配备了一位大学或科研院所中有建树的教授或学者为学术导师；另外，还聘请一位在教育教学一线的著名特级教师、教学专家为实践导师。学员的学习、发展由两位导师合作指导，这让我丝毫不能懈怠，时刻处于"运行"状态。

无论是专家培训、专题讲座，还是课题研究、定位定型、基地实践，都有效地提升了我们的理论和实践水平，为我的教育教学注入了源头活水，也给我带来了心智的启迪、情感的熏陶和精神的享受，让我饱享了高规格的"文化大餐"。鲜活的案例、丰富的专业知识、精湛的理论阐述强烈地感染和冲击着我。大师的风范、学者的风度、教育家的胸怀、严谨治学的态度、刻苦求学的精神，深深感染了我。他们对教育的执著、对理想的追求鼓舞着我，激励着我，让我的心灵得到了一次清澈的洗礼。

每一项研修内容，我都认真对待。每一次外出考察，我都认真观察，仔细体会。在此过程中，对教育本真的认识和理解不断提升。

去南京金陵中学实地考察，我得以深入理解学校文化的真谛。优秀的学校文化一定是富有个性的，是充分体现生命价值的，也一定是尊重学生主体的文化，它是充分释放生命潜质的文化，更是富有深刻教育内涵的文化。每所学校都有自己不同于别校的历史，特定的地理位置与周边社区环境，从而构成独特的校情、学情。打造学校文化，既要彰显自身的个性与特色，又要提炼、升华。因为它是学校历史文化的传承，是对历史发扬光大，是体现中国社会核心价值观的文化，是追求进步的文化。文化既需要不断积淀，又要精致有品位。它不是一种摆设和噱头，它是在日常学习与教育实践中处处可见，融入校园的每一个角落的。记得一位校长说过"空气育人"。文化像空气，它弥散在校园中，然后"用文化来包住钢筋水泥，体现文化育人的理念，达到空气养人的目的"。这些校园文化背后的育人理念令我大受裨益。

在学习研修过程中，我把所学理论与教学实践相结合，申请课题、撰写论文和心得体会。在专家的引领和导师的鼓励下，一丝不苟地完成了三年发展规划中的每一项任务。因为表现突出，我获得了到海外学习考察的机会。在澳大利亚学习期间，我们通过聆听专家讲座、参观中小学不同性质的学校，走进课堂感悟老师的教学方法和了解师生互动情况，感受澳大利亚教育的独特与先进，思考我国教育的优势与不足，更深刻感受到肩上的责任与使命。我不断思考如何把所见、所闻、所学到的先进的方式方法融入我们国家自己的教育教学当中去。在澳大利亚学习期间，我萌发了写我的第一本专著——《探寻实教育》的想法。经过不懈的努力，此书最终在 2016 年出版。

虽然我在天津市未来教育家奠基工程这个培训项目的研修在 2017 年已经结束。但是，这个项目对我的影响是长久而深刻的。它让我时时以奠基工程中的优秀学员为榜样，心无旁骛，以提高天津基础教育水平为己任，潜心修行、努力钻研。

我想起了明代大诗人于谦的诗："书卷多情似故人，晨昏忧乐每相亲。眼前直下三千字，胸次全无一点尘。"这是知识的力量，也是教育的力量，是学习的力量，也是奠基工程的力量。我第一次有了把做个"好老师"的梦想与成为"未来教育家"的梦想融合在一起的想法。天津基础教育的未来发展和做人民满意的"好老师"是紧密联系在一起的。我带着使命、责任、憧憬和信心，向着我的梦想迈进！

正是得益于在奠基工程研修时的努力和积累，我在 2018 年被评聘为正高级教师。

人有了点成绩就会有点小满足，亦会有点小懈怠。而这个小懈怠，差点让我失去人生中最重要的一次学习机会——进入中华人民共和国教育部"国培计划"中小学名师领航工程研修班的学习。

2018 年，教育部国培计划中小学名师领航工程要在全国中小学范围内遴选 129 名教师。这次我也有幸位列其中。

说到这，我非常感谢学校主管教学的梁栋副校长和科研处的崔振强主任。遴选通知已经在校园网上公布十多天了，我看到在天津市中小学范围内才有 4 个入选名额，认为自己实力不够，就放弃了参评的想法。没有想到的是，在报名日期马上就要截止的前一天，梁校长告诉崔主任说只有我一个人符合条件，问问我是否报名。接着，德高望重的崔主任打电话给我，他说："咱们学校就你一个人符合条件，这么好的机会为什么不试试呢？不试怎么知道成不成呢？"是啊，不试怎么知道成不成呢！不成，在意料之中；成了，又多了个在更高平台上学习的机会。就这样，我来到了这个想都未曾想过的最高规格的研修平台，我的视野一下子由天津到北京、到全国，由现在到未来。

经历了这次遴选，我越发深切地体会到，在关键时刻，我们不仅要有"后退一步"的理性，更要有"上前一步"的胆量。不管是在专业发展还是在生活方面，我们都应该勇敢向前！正像一个人只有把握命运的方向，才能绽放出属于自己的光芒！有一些风景和气象真的只有当你不畏艰难，勇往向前，到达顶峰的时候才能看到。

2018 年 5 月 7 日上午，教育部中小学名师名校长领航工程启动仪式在外语教研社国际会议中心隆重举行。会上从王定华司长讲话中得知，此项工程是教育部重点培训项目，以培养教育家型卓越教师和教育家型卓越校长为目标，参训学员遴选条件十分严格，全国只有 129 位中小学教师入选。

听到这儿，我庆幸，庆幸得到科研处崔主任的鼓励，庆幸自己的这一试。还好，没有错过。我欣喜，欣喜领航工程基地的导师们全是全国历史研究及教学领域的翘楚，欣喜来自全国各地的学员们皆为各省市教学一线历史学科大咖，能聆听翘楚的教诲、能与各路精英成为同学无疑是个人职业提高的绝佳机会。但我又觉压力很大，我行吗？同学都那么优秀，我会不会因为研修耽误日常工作？那日常繁忙的工作会不会影响研修？然而，开弓没有回头箭，我不能失去这难得的机会。而且，此时的我已不单单是我自己，我背负着学校领导、天津市的殷殷期望。就像王司长寄语名师学员所说，"名师"要"名"在坚定信念，"名"在思想引领，"名"在实践创新，"名"在社会担当。这次是对我能不能成为"名师"的考验，也是历练。既想攀高峰，怎可畏险途？我，做好了充分的准备。

开班讲座由全国师德标兵——北京师范大学资深教授林崇德先生做题为"教师大计，师德为本"的讲座，其核心就是"弘我教化，昌我民智"。已是78岁高龄的教授以时而平缓、时而激昂的话语，结合个人成长经历，从师德、师业、师爱、师能的角度告诉我们如何做一位人民教师。长达两个半小时的讲座，教授没有耄耋之年的衰颓，反而是精神矍铄，激情洋溢，表达着他对自己一辈子所从事的教育事业和我们伟大祖国的无比热爱。我完全被教授的学识与精神所折服，所感染，所激励了。

同样打动我们的还有北京师范大学教学部郭齐家教授和王文静院长的讲座。

一个启动仪式，一节开班讲座，持续5天的全员培训，让我的内心受到震撼并觉醒。去之前，我感觉自己的教育教学已到顶点；回来之后，我感觉我的梦想刚开始扬帆启航。我不一定成名成家，但一定要成长；我忠诚的是党的教育事业，我要做一名人民满意的"四有好老师"。

于是我投身到基地领导的精心组织、科学管理、合理安排的培训中。

从2018年9月3日始至今，先后四次，每次数日，在首都师范大学基地进行研修学习。

每一次的研修都行程满满，教育大家云集，课程形式多样，课程内容丰富。专业课程延伸及综合课程的拓展，专家前沿理论的精辟讲解，名家精彩的课堂实况，多样化的教学实践活动，让我如饕餮之徒，大快朵颐。零距离接触了一些名师和专家的授课与精彩点评，聆听他们先进的教育教学理念和创新的教学方法令我耳目一新；参与学员与学员、学员与专家之间的互动，感受那思想火花的撞击与迸发。同时，在这学习共同体的深度研修中，导师们渊博的学识和严谨的治学精神所展现出的人格魅力，以及学员们孜孜以求、精益求精所营造的那种氛围，也让我明白名师炼成的真谛。

让我感到三生有幸的是，首师大基地为我和郭子其老师（我的同班学员，另一位入选的优秀历史教师）安排了阵容强大的导师团队——叶小兵教授、杨朝晖教授作为我们的理论导师，李晓风老师、赵利剑老师作为我们的实践导师。

叶老师是首都师范大学历史学院教授，中国教育学会历史教学专业委员会学术委员会主任，教育部高中历史课程标准修订组的核心成员，统编高中历史教材编委会成员，是名副其实的全国历史教育教学界的泰斗。20 年前写论文时我就引用过叶教授文章中的经典语句，如今能成为叶教授的徒弟，近距离向叶教授请教，真的有如做梦一样。

我很珍惜每一次同叶教授交流的机会。每一次聆听叶教授讲话都让人觉得津津有味。叶教授为人谦逊平和。与叶教授一起到学校参加实践活动，先生每每都不忘把郭老师和我介绍给身边的老师们。与叶教授一起走进课堂，老先生认真的听课状态让我们感动，印象最深刻的就是叶教授点评晚生的授课总是高屋建瓴，三言两语就让讲课者醍醐灌顶，豁然开朗，同时还不忘给后生保留自尊、增加自信。相较专业功力，叶教授的为人亦让我钦佩有加。

有一次，我的工作室聘请叶教授做一次大型活动的点评专家，并在下午做一场关于新教材新课改的报告。由于活动议程安排得比较紧，中午只有一个小时的用餐时间，且餐厅距离报告厅有约 6 分钟的行走路程，年近七旬的叶教授为了确保下午的讲座准时开始，只匆匆吃了几口饭，就带头起身离座。当我劝叶教授喝口汤再去也不会耽搁讲座时，叶教授说："今天我就是干活来的，不能耽误干活。"就这么普通的一句话，折射出的却是叶教授高尚的人格和严谨的做事风格，这就难怪其成为全国著名的名师泰斗！叶教授给予我的不仅是学科专业领域的指点和提升，更是精神道德层面的引领。

我的另一位理论导师是杨朝晖教授。杨教授是首都师范大学教师教育学院语言人文系副主任，历史学科专业负责人，只长我两岁。初次相见，倍感亲切；一顿老师和学员共进的晚餐，一次席间无拘无束的交流，让我们有如故友一般。

在第三次研修期间，杨教授带我们去牛栏山一中参加教研活动。由于路途遥远，需要我们早晨 6:30 出发。当时，宾馆提供早餐的时间还没有到。我和同行的郭子其老师只能空腹去约好的地点与朝晖教授汇合。不想，刚上车，朝晖教授就从书包里掏出两块枣糕递给了我们。原来细心的杨教授早已考虑到我们早晨没有地方吃早点，特意在前一天晚上为我们准备了枣糕。一路上，我们吃着枣糕，感受到朝晖教授的体贴关心，无比感动。那个清晨，朝晖教授带给我们的美好时光，成为永远难忘的记忆。

从牛栏山一中教研回来，已经下午四点钟了。忙了近一天，我们都已很疲惫，当我们回宾馆歇息时，朝晖教授又走着去学校忙其他的工作了。

杨教授是全国历史教师非常熟悉的历史教学专家之一，她对教学实践中存在问题的敏锐捕捉力和解决力超强。她总能抓住关键的问题和问题的关键，来引领我们探究和解决。她将在香港研学时的所见、所闻、所感与目前中学历史教育相结合后撰写的《重新理解重新认识——由香港问题引发的中学历史教育思考与反思》与我们分享，文中以香港历史课堂为研究点，从当前历史教育的重要性、史实的梳理、教育价值的梳理等方面深入浅出为老师们带来了思想的盛宴。

英国的布鲁克爵士谈到他的朋友菲利普·西尼时说："他的智慧和才华敲击着他的心灵。他不是用言语或思想，而是用生命的行动，使他自己也使别人变得更优秀、更伟大。"

在与朝晖教授接触的日子里，我深深地被她的工作热情所感染，也被她推动着不断前行。

比尔·盖茨说："与品格高尚的人生活在一起，你会感到自己也在其中受到了升华，自己的心灵也被他们照亮。"

确是如此，在如此优秀导师的引领下，还有那么多那么优秀的同学的熏染，我似乎听到了自己拔节成长的声音。在领航工程的跑道上，我可能跑得慢些，甚至有时会磕磕绊绊，但我在坚持，在成长。

身处名师群体中，我常常在思考：我真的是名师了吗？我与真正的大师差距在哪里？

入选教育部领航工程，证明了我的能力，与导师、专家接触的这段时间里，又让我看到了自己的短板。导师们无论是在课堂上，还是在他们的论著中，典故，信手拈来；理论，精辟通透；观点，前卫深邃。这都源于他们视书为友的好习惯啊。不遍览群书，又如何胸有丘壑？我清楚地意识到自己在阅读深度及广度上与他们的差距。阅读，当然要读专业的、有影响力的书，还要读其他学科的书。虽然此前我意识到学科之间是有共性相通之处，但浅尝辄止，不够深入。同时，我还应不断提高自己的理论水平，争取有更加广阔的视野，为历史教学提供更宽广的领域和内涵，使历史教学成为有灵魂的教学。

2018年9月10日教师节，我和郭子其老师第一次去北京四中拜访我们的实践导师赵利剑老师。赵老师把他的专著《历史：一堂人文课》作为礼物送给我们。导言中六个字赫然在目："历史：为何而教？"此书以从宏观到微观的设问开始，追寻思考"历史为何而教"这个历史教育本源的问题。是啊，教了这么多年书，备了那么多节课，设计了无数个教学目标，究竟历史为何而教？尤其书中的一句话引发我的深思："你在这节课中，想要告诉学生些什么呢？"

受此启发，又通过理论导师杨朝晖教授的指点，回顾自己的教学经历，总结反思历史教学的得失，领悟历史教学的真谛，我撰写了《论历史教育的魅力——创设有灵魂的课堂》一文收录在《论历史教育的魅力》一书中。

几位导师的引领恰如拨云见日，让我深深感悟到：近三十年的教育教学最吸引我的不只是也不应该是学生在高考中取得的高分，而是历史长河中那些可歌可泣的、感动我和我的学生心灵的人和事。这些人和事就像一种召唤，它指引着我们不断前行，让我们的灵魂更加充实丰盈、更加高尚积极。

我开始重新给自己定位，重新构建新的发展路径。

2019年11月8日，教育部和首师大基地为我搭建了一个实现梦想的平台，"教育部中小学名师领航工程龚玉玲名师工作室"成立，我又肩负起培养青年教师的使命，朝着"自觉成长、引领辐射"的目标迈进！

三年教育部名师领航工程的学习，让我蜕变，让我提升。我发自内心地感谢所有辛苦付出、耐心扶持教导我的导师和分享智慧与理念的学员们，感谢大力支持、提供各种资源的基地及成员们，我渴望以已所学，不负国家的培养，能惠及更多的同仁。

如今，我已是所谓的"名师"了，然而，这对我来说已不重要。我知道，当你站在舞台上接受所有人的目光时，你站的已经不是一个地方，而是站的一个位置，更是一份担当。正向教育部教育司黄贵珍秘书长在 2020 年 9 月 26 日怒江扶贫动员会上所说："是国家的名师，就要站在国家层面来思考承担的使命和担当。名师应该是有大爱的人，要本着大爱情怀来做事。"

立德树人作为教育的根本任务，为党育人、为国育才是为师的重大使命。欣逢盛世当不负盛世。在全国不断推进"新教材、新理念"教学改革的大背景下，我唯有竭尽心智，成为教材、教法的改革者，核心素养的践行者，新教育理念的探索者，为了我的学生，我校的学生，我区的学生乃至天津及之外的学生，不断努力，不断提升自我，方不辜负党和国家多年来对我的培养。

科幻作家阿瑟·克拉克说："我永远没有长大，但我永远都没有停止生长。"回首走过的路程，感触最深的就是，人一定要有梦想。支撑梦想的，一是外在的动力，一是内在的坚持。脚踏实地，仰望星空。我们所付出的一切都会成为触摸星芒的梯子。

我清楚地知道，任何成功，出之于己者不少，得之于人者更多，更离不开他人的支持与合作，机会的等候与到来。所以，我感谢一路相伴的所有遇见，尤其感谢我所生活的伟大时代。

人们常说，一粒种子，只有深深地植根于沃土，才能生机无限；而一名教师，只有置身拼搏奋进的事业，才能蓬勃向上！未来的路还很长，或许会很曲折。"路漫漫其修远兮，吾将上下而求索"！

很喜欢《让梦生长》里的一句歌词："我还是从前那个少年，没有一丝丝改变。阳光洒进我心中，照亮我心中的梦，提醒我每一刻钟，努力为梦想播种……"

正如周国平先生所说："梦想永远是现在式，而绝非是将来式！"在今后的道路上，我将继续带着梦想去追求，去迎接更大的挑战，用今天的汗水，去浇灌明天的辉煌。

第二章 从机制到机智
——我的育人之思

考量一个人是否优秀的标准有很多，但一定离不开"德"与"能"；对某人人品、才学的最大认可与肯定常用"品学兼优""德才兼备""德艺双馨"来形容。比较而言，"德"的地位更为重要。

国家的强盛、民族的复兴、社会的进步离不开每一个个体的发展，所以，全面提高国民素质是势之所趋，势在必行；全面提高国民素质的关键在于全面提高国民的德行。

对教育而言，立德树人是根本任务。作为这一根本任务的主要践行者——教师，就是要以自身之德行树学生之德行。而在践行这一根本任务的过程中，要做的有很多，我以为最核心的是爱。

教育是爱的事业，没有爱就没有教育。心中有爱，才能把这种爱播撒出去。

可以这样说，我的求学生涯就是因为有爱的沐浴才顺风顺水，人格健全，成为于己于他有用的人。当我成为一名教育工作者，我自然就想把这份爱施予更多的人，让更多的人如我一样幸运与幸福。这是我从教近三十年、当班主任十四年一以贯之的一个信条。

一路走来，付出着，收获着，思考着，对"爱是什么""怎样去爱"我有了自己的领悟与思考。

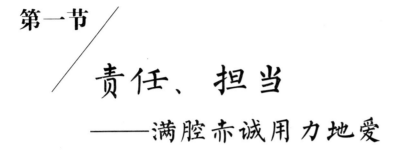

第一节

责任、担当

——满腔赤诚用力地爱

　　1996 年暑假开学，我第一次担任班主任。当时我担任的重点中学重点班级的班主任。这两个"重点"（当时学校设有重点班和普通班。前者学生为全区范围内选拔，后者学生为校所辖片区范围考入）带给我的压力不言而喻，但校领导给予我的这份肯定与信任又给了我勇气与力量。我相信，世上无难事，只要功夫深，经验不足精力补，真情感动学子心。

　　学校对纪律、学习、活动、用餐、就寝、着装等都有明确翔实的规章制度。我在告知学生的前提下，根据自己的班级实际，与班干部一起制定了班级规章制度，本着生活中关心爱护、纪律上严格要求、学习上指导督促的原则，狠抓落实。

　　抓落实最好的办法就是朝夕相伴。

　　说到朝夕相伴，我想起了毛主席说过的一句话："一个人做点好事并不难，难的是一辈子做好事，不做坏事。"是啊，与学生相伴一天容易，两天容易，三天、四天，一个学期二百多天呢？何况，此时我的孩子小，尚需照顾，初为人母的我也舍不得孩子。但，受人之托，忠人之事。我只能把孩子交由老人照顾。学生在，我就在，我坚持下来了，一年，两年……

有人曾戏称这样的班级管理叫"瞎子放驴不撒手"，其中内涵颇耐人寻味。的确，这样的带班方式可能不是最好，有些过于僵硬、刻板，但对于彼时的我来说，是我能做的，也做得到的，事实证明这是有效的，就是现在我也不否认这种带班方式，不深入学生内心，怎能了解学生所为所思，制定与之匹配的育人策略？

因为与学生天天抬头不见低头见，他们一旦有个"风吹草动"，我就能及时做出反应。

林林（化名），高三住宿生，认真踏实，勤奋刻苦，作息规律。但有一次，他早晨五点钟洗漱的时候眼前一黑，倒在了洗漱间……当他醒来的时候，周围是舍友关切的面容，舍友告诉他，校医已经看过，就是缺觉、血糖低，要好好休息。他自觉只是头还有些晕眩，身上摔得有些疼，并无大碍。好强的林林不想落下功课，也怕让我着急，想去教室上早课。但他站起来却头重脚轻，只好放弃了。

早课前，我一扫教室，发现他的座位是空着的，了解了情况后，我没有立即赶往宿舍看望，上完课，处理完各种事务，回家包饺子。

中午，我来到了林林的宿舍，轻扣虚掩的门："林林，我是龚老师，我进来了！"随着一声有气无力地应答，我微笑着来到林林床前，递上一大饭盒，里面满满的都是饺子。

初当班主任的那几年，像林林这样的住宿生只要身体出现不适都吃过我包的饺子。

我的想法很简单，在当时的生活条件下，饺子是细饭，在家里，谁若不舒服，吃饺子是首选。在学校呢，自然不会像自己包的饺子那么可口。所以我就想让生病的学生能感受到家一般的温暖，让他们知道即使身在外，身染恙，也不孤单，也有人疼爱，这时我就是家长。不是吗？

孩子们真是最容易满足，最懂得感恩。后来林林回忆说："迷迷糊糊睡了一上午，还真觉得饿了，就一口一个吃了起来……21年来，那饺子什么馅儿已经忘了，但那饺子的香味仍让我记忆深刻。"

把自认为好的、对的给他们，这是最初我对爱的认知与做法，似乎并无不妥。当学生们违规违纪时，我就用我应该奉行的对错准则来教育他们，结果有时如我所愿，有时则难遂我心。

对学生早恋的问题，是每一位班主任绕不过去的一个坎。

有一次我正在批阅学生的期中总结，忽然小华（化名）的笔记本中掉出来一张纸，几行字映入眼帘："我喜欢你——我的日记本，因为你能那么认真倾听我想对她说的话。每天，我都有好多话想对小美（化名）说，……"文字中表达出了对小美的爱恋，也对小美与别的男生间的交往表示了不满。哦，小华有了"意中人"了，我暗自发笑，一个看起来那么幼稚，那么孩子气，连自己都不会保护的孩子也有了意中人了。联想到最近一个多星期小华的表现，我判断这件事应该刚开始不久，并且凭我对小华和小美的了解，小美很可能还没有答应，此事马上着手解决为最佳。

我首先找到小美，正如我所料，小美还没有答应他什么，并且小美很坦然地告诉我，自己能够把握好自己，自己知道该做什么和不该做什么。

当天的晚自习，我找到了小华，直言不讳地告诉他：老师知道你的秘密了，你知道老师是怎么知道的吗？小华惊讶且疑惑。"你把你的心里话写在了日记里，但你又把它夹在了作业本里了。"他听后，用手挠了挠头，不好意思地笑了。我紧接着说："现在老师有几句心里话想对你说。对女生产生好感不是什么错事，但是如果你处理不当就是做错事。想想看，你连这件"大事"都处理得这么草率，表明你是多么不成熟啊，连自己都照顾不好，哪有能力再去照顾别人？这件事如果处理不当，不仅影响自己的学习，也会影响别人。"接着我又与他共同分析了他目前学习、生活状况。最后我对他说："人的一生分为几个阶段，每个阶段有每个阶段的任务。只有真正认清每个阶段的主要任务和目标，人才可能会获得成功。你现阶段的任务是努力学习，积累资本，蓄势待发，而不是贪图享乐，由着性子、凭着感觉不管不顾。生活中应当学会选择和放弃，只有舍得把那些并不属于现阶段的东西放弃了，你才能拿出更多的精力去收获你现阶段应当收获的东西。所以，听老师的话，赶紧从那个并不现实的想法中跳出来，不要再自寻烦恼了，也不要给别人带来麻烦，好不好？"

听我说完，小华非常严肃地点了点头。

这件事就这样顺利结束了，我为自己及时处理了这个棘手的事情有些沾沾自喜——也没那么难嘛。

可另一件关于"早恋"的事，让我明白了这类问题处理起来没那么简单。

有一年，我刚接手一个新组建的文科班。一天早晨，德育主任急匆匆找到我，说："你班的某某（女）同学被某某班（另外的班）那个有名的某某（男）同学打了一巴掌！"我闻言大惊，男生打女生，什么事值得这样大打出手？德育主任告诉了我缘由。原来分班前，该女生与打人的男生好，刚分班没有几天，她就与另外的一个男生好上啦！得知此消息的男生今天早晨在餐厅打了她……

这我当然得管啊，有了以往的经验，我用了两节课时间，侃侃而谈，为她摆事实、讲道理，从她的家庭说到她自己，与她讲早恋的危害，讲女孩子应如何处理男女同学关系。直说得这个女孩子流下了眼泪，我以为我的谈话一如既往地奏效了。

一个月后，在一次活动课期间，我来到没有几个人的教室，一眼看见这名女生坐在那名男生的座位旁，两个人正在一起美滋滋地吃东西呢。我火往上涌，径直走到他们座位前，目光直视女生，生气地说道："回到你自己的座位去！"女生默默起身，回到自己的座位。男生却瞪着我。不管他，我转身走出了教室。

我余怒未消，心想这女孩子怎么就那么不听话呢！我可是一心一意为你们好啊，大道理也讲了，你也认同，怎么就不进味呢？怎么就非得往一块凑呢？

这事就过去了，看似风平浪静。虽小有波折，终于尘埃落定，看来不能总是苦口婆心，该疾言厉色时也不能含糊。似乎我又多了一点经验。

　　但是，很长时间以来，我一直忘不了当时的场景。男生瞪我的眼神，女生走开的身影。我忽然明白了，我忘不掉是因为当时我就明白他们的内心有波澜，因为教室里不仅有他们两个人！而当时的我却没明白他们在抑制着自己内心的激荡，以此保全了老师的尊严，让老师在那样的情境下得以体面的退场。

第二节

尊重、倾听

——走进心灵用心地爱

我有一个习惯，就是处理完学生的问题后，会反思，找出不足，积累经验。

应该说，我的付出，对学生的关爱和教育，学生都给予我积极的回应，这让我坚信，这样做是正确的。

然而，送出去的"饺子"，学生接受起来容易，但再好吃的饺子也未必人人都爱吃呀！那送"思想"呢？又有多少时候学生只是慑于对师者身份的屈从，表面听命，骨子里并非认同？

我意识到，孩子们照单全收，那只是可爱的孩子们感受到我的满腔诚意表现出的善良与包容。

不是所有的"我爱你，都是为你好"，就可以不分方式的施爱施教，就能有如愿的教育效果出现的。换句话说，满腔赤诚用力地爱，不是没效果，但还可以更好。

接下来，该怎么做呢？

有一首歌唱道："鱼儿离不开水，瓜儿离不开秧。"是的，我的成长固然离不开内在的主观努力，但更离不开外在的客观条件的保障。

1997 年，学校成立了心理咨询室，我主动报名成为学校心理咨询室的一名兼职心理咨询员，那时是我当班主任的第二年。

我重拾心理学课本，读了很多心理方面的书籍，再加上接触到有各种各样问题的学生，我在育人的理念和管理上有了更清晰的认知。

花有千姿，人有百态。每一个学生的成长环境、经历不同，性格各异，成长过程中出现的问题同中有异，异中有同。

面对这些问题，以身作则的垂范与满腔赤诚的付出，是前提；对学生进行必要的约束与限制的管理，是必要；但要达到一种最理想的管理学生状态，让日常规范、规章制度表现为学生自觉地遵守和执行，行动上服从，思想上认同，则需要引导。

而我在处理学生的一些问题时，显然有"牛不喝水强按头"之嫌，是从老师角度用说教的三观教育"堵"学生问题的泛滥，而不是具体问题具体分析，找到问题的症结，再对症下药。我忽视了育人应是双向的你情我愿，而非教师的一厢情愿。

我茅塞顿开，我豁然开朗。倾听学生的心声，才能有的放矢。

事实上，有不少学生是乐于向教师吐露心事的，这既是一种和老师的亲近诉求，又是一种自身倾诉的需求，毕竟与人乐胜于独乐，就像那个日记泄露天机的小男孩，在日记中诉说是一种喜悦，而老师讲的大道理，他也那么快乐地接受了，说到底那只是一种正常的意识的觉醒，老师没有大惊小怪，他也就觉得没什么了，一切归于风平浪静。

但也有不少的学生反倒不愿和离自己近的人道出心事，就像来心理咨询室的学生，他可以和我这个不教他的老师说，但不愿和自己的亲人、同学、老师说。

但不管怎样，学生需要倾诉。那我就做个倾听者吧。

你愿意倾听了，那还得学生愿意倾诉啊。那怎样才能让他们愿意对我倾诉呢？

　　学生感受力是很强的，他们重感情，强烈地要求别人重视自己，他们随时用心理上的那架天平对教师的爱心进行衡量。爱是一种细腻的情感体验，我的爱学生感应到了，也产生了一定的心理呼应。应该说我有了他们愿意对我倾诉的基础。那怎么更进一步呢？

　　没事的时候，我乐于登高远眺，身居高处，眼前风物尽收眼底，真好啊！然而，若要置身低处呢？忽然地，我意识到，我和我的学生在认知上与此好有一比啊，我们的年龄、阅历、身份等方面的差异注定彼此看到的风景是不同的，你不能说学生只顾眼前，不计长远，他看不到，即使你说了，他理解不了也正常。用师者的眼光去审视一个还未谙世事的学生，要求他做到符合我们心中的完美，结果必不能如愿，那个男生瞪着的是眼睛，锁着的是心灵；那个女生默默走去的是身影，留下的也是一层厚障壁。

　　后来，我在一本书中看到这样一个故事，不仅让我清醒地认识到了这个问题，还知道了怎么做。

　　故事是这样的：

　　在一家大型商场的玩具架前，小男孩顺手拿起一支玩具枪，高高兴兴地举来举去，示意他的父母买下这支枪，一会儿又使劲喊道："我要！我要嘛！"这时他的母亲赶紧走过去，用左手食指放在嘴唇上嘘了一下，示意男孩轻声点。然后她弯下腰，和孩子眼睛视线在一个水平线上，轻轻对小男孩耳语了几句，小男孩也在妈妈耳边说了几句话，妈妈又轻轻和孩子说着什么，最终，小男孩默默地放下玩具枪，离开了。

　　这个故事值得注意的细节是家长的耳语和弯下身子说话，这充分体现了对孩子的尊重、保护和平等。

　　那老师对学生呢？如果不能把学生放在平等的位置，体现对他的尊重，只是展现老师居高临下的绝对权威，那师生间就注定没有交流，只能是一个人的独白，没有听众。

　　和学生沟通的关键是倾听，静下来倾听、了解、接纳学生内心的感受和想法；倾听的方法是弯下身子、耳语。这种尊重必会换得尊重，赢得尊重。

后来那个被我呵斥的女生为了考上她心目中理想的学校选择了复读，结果又来到了我的班上，我一如既往地关心她、帮助她。"不记仇"几乎是所有老师特点，而常常记挂老师的是那上学时最让老师操心的、挨老师批评最多的学生，他们当然也是不记仇啦。

俗话说：家中有粮，心中不慌。我认为要心中有法，遇事不乱。让老师们最头疼的就是教育叛逆学生，但我镇定多了。

小曼（化名），给我的印象是爱说爱笑爱玩，性格开朗，脑瓜灵活，待人明礼，但有点不拘小节，不像女孩子那样注重衣饰穿戴，走起路来风风火火，经常迟到，上课说话，不完成作业；老师批评，勇于承认，但坚决不改。这不，时间一长就在年级"挂号"了，"不学习""不好管""管不好"成为她的标签。

任何表象的背后，一定有其形成的原因。在我看来，除了常规的批评教育之外，我开始深入了解小曼的情况。

我没有急着找小曼，而是先找小曼妈妈沟通。

第一次见面，小曼妈妈向我道出了内心的烦恼："这孩子可不好管。我们母女的关系跟仇人差不多。我说什么她都不听，我说东她偏向西。您就多费心吧。"言语中充满无奈，甚至流露出要放弃的想法。

我赶紧说："老师费心是应该的，老师和家长的心愿是一样的，都是希望孩子好，希望她成才。但孩子的教育需要我们形成合力，只要我们共同努力，就一定有效果。"家长表示认同。接着向我介绍了小曼的一些情况。

原来，小曼上初三前学习成绩一直不错，是班内前五名。上了初三，面对着频繁的考试，她产生了厌烦的情绪并逐渐放松了对自己的要求，成绩一度下降到班里的中等水平。

要强的小曼妈妈看不惯也接受不了曾经优秀的女儿现在糟糕的成绩，变得烦躁不安。她无计可施，就在晚上陪她做作业。可是，看不着，着急；看得着，更着急。小曼做作业太慢了，小曼妈妈还是没忍住嚷出来："我可看不了你这样学习，你看看，看看人家，多要强，成绩又好又稳定，哪像你，做个作业不够你磨蹭的，你也跟人家学学，唉，你要急死我，还是要气死我啊！"本来母亲平时的唠叨、批评，小曼已是非常的反感。此时，她也忍不住向母亲嚷道："你看人家孩子好你要人家孩子去。我还看人家的家长好呢，我也要人家的家长去，行吗？"

整个初三一年，她们母女几乎是在吵吵闹闹中度过的。小曼越不爱学习家长越逼着学；家长越逼着学小曼越不学。好在凭着初一初二扎实的基础，小曼的成绩还是上了杨村一中的重点线。小曼的母亲松了一口气——毕竟没给自己丢脸；小曼更是松了一口气——这回你该别管我了吧！

中考后，小曼痛快地玩了一个暑假。上高中住校了，小曼如释重负，终于听不到母亲的唠叨、批评、命令了，终于"我的人生我做主"了，她心里有说不出的痛快。但是，毕竟她的自制力差，她的放纵让她的成绩足以成为一名学困生了。用她自己的话说："上高一我根本就没怎么学习。"对此，刚刚松一口气的母亲怎么接受得了呢。每周末回家，俩人都要大吵一架，母女矛盾不断升级。高一文理分科时，母亲让小曼学理科，但她偏偏报了文科。

听了小曼妈妈的介绍，我分析了小曼向好的基础和可能，以及孩子在这个年龄阶段的特点，让家长放松心态，以自己的耐心、细心、信心给孩子成长的时间、空间和自由，并建议家长做好以下几点：首先，从生活上多关心。其次，对矛盾冷处理，家长先好好说话，做到平心静气；多听孩子说，孩子说时，少指手画脚去命令，特别是别在孩子刚说了个头，就急急下结论，劈头盖脸一顿教训，让他们觉得是自讨没趣，一回这样，两回这样，以后自然就不愿再说了。再次，多与老师及时沟通孩子在家的表现。

随着与家长的沟通日渐增多，我对小曼的了解也越来越全面了。这样，我在和小曼交流的时候就更有针对性了。

之后，我就有意识地多和小曼接触，以不经意的口吻传递她身上的正能量，比如楼道偶遇：哟，听某老师说你今天回答一个问题答的特别好，真棒！以此改变之前一味地批评导致的距离感、抵触感。如果说之前我在学生面前是老师的身份的话，那现在我要做他们的知心姐姐，彼此敞开心扉，交流也就容易多了。

本来小曼是个爱说爱笑的孩子，只要足够真诚，打开孩子心灵那扇窗并不难。所以，没多长时间，我们便推心置腹地交流了。其实，小曼和妈妈的关系并不复杂，小曼对现状委屈又苦恼，不被最亲近的妈妈理解，又与妈妈争吵升级，最后都化作"针尖对麦芒"的发泄。

了解了母女俩的情况与想法，接下来就是春雨入地点点渗透了。

适时地，我把小曼妈妈对女儿的评价与期望告诉她，让她从家长的角度理解其做法，从女儿的角度谈如何对待家长的付出与期望，如何与家长沟通交流。（这就是后文要说的换位思考，只是彼时我并未意识到，事实证明很有效，我才有了更深的思考。）

我让小曼试着做到：冷静下来，心平气和地与家长交往；主动沟通，相互理解；赞赏家长，认真聆听，帮助家长；与家长不必太计较。

小曼的这种情形不是个例，为此我召开了以"感恩"为主题的班会，班上同学每人讲述一件父母为他们做的、令他们难忘的事。小曼也动情地讲述了母亲对她的关怀：她因小时候得过病，不能着凉。高一住校，生活一切自理，秋凉了，妈妈怕她洗衣服浸冷水，就每周六来学校，带来好吃的，帮她洗衣服。最让她暖心的是妈妈每次来都带来七双洗干净的袜子，带走七双她穿脏的袜子，只为让小曼的手少浸冷水。

班会上，我又放了一段小曼妈妈带给小曼的录音，轻声慢语中充满了母亲对女儿的慈爱！小曼哭了。在班会结束时，她说："我错了，虽然我不能接受妈妈的态度和方式，但我理解了妈妈的一番苦心。我以后不跟妈妈顶嘴了。我要好好学习。"

慢慢地，小曼变了。和妈妈的关系改善了，在父母的结婚纪念日那天，小曼特意为爸爸妈妈送上一束鲜花，并为他们写了一首小诗。同时，小曼在学校的表现也好多了，不迟到了，能踏实学习了，作业能按时完成，成绩从班内 40 多名进步到 30 名左右。

在小曼这一问题的处理上，我明显地放慢了节奏，多了倾听，听家长的，听小曼的，也听班上其他同学的。其实不光我在听，小曼也在听，听家长的，听老师的，听同学的。特别是班会上同学所讲，更能触动小曼的内心。同龄人之间的教育力量是不可低估的。

当我以"俯下身来，予受教者尊重、倾听"的态度与学生交流、做学生工作时，我发现，我不再是孤军奋战，身边都是助力于我的盟友。这种感觉真是爽！

后来发生的一件事，再次证明了这种"俯下身来尊重、倾听"的有效性。

那是一起丢书事件，发生在毕业班，这个班还是一个团结向上、各方面成绩都名列前茅的班，书还丢了不止一次，在 12 天里，丢了 4 次。

说实话，起初，我并不以为意，总复习阶段，每个人的桌子上都摆着很多书，偶尔找不到的时候也在所难免，无非是随手放在哪里，或是别的学生拿错了。所以，我不认为是哪位学生故意拿的。于是安慰两位学生说："别着急，再找找！想想是不是忘在家里了，或是别的同学借走了，能找到的！"

再次丢书，感觉有点不对劲。莫非真的是有人故意？在这节骨眼上？正因为在这个节骨眼，我不能莽撞行事。

为此，我先帮丢书的同学借来相关的书，嘱咐他们以后要多留心自己的书本。

然后，我又向两位班长详细地了解课余时间班内的情况，都什么同学在教室，以及班内最近发生的事。丢书的几位学生是前后桌，他们之间的关系很要好，都开朗活泼，学习勤奋努力，成绩非常优秀，他们之间相互拿书不可能，即使拿也会互相告知；他们与班内大多数学生的关系也很好。这我是知道的。而这几个同学与坐在他们后排的性格偏于内向的另一位学生之间虽然没有明显的矛盾，但也没有什么交往，好像有点过于冷淡。我安排两位班长和丢书的几位学生留心观察班里的情况，并叮嘱他们不要在班内声张此事，一旦发现问题马上告诉老师。

之后我对班里所有的同学说："咱班 A 同学的数学优化辅导书找不到了。谁拿走用去了，跟她说一声，她着急用这本书呢。"我有意没用这个太敏感的"偷"字，即使就是"偷"，我想也不能用，何况并未坐实，如若真是"偷"，我也想给他一个机会。

然而，又出现了第三次丢书。综合三次发现，所丢之书有的是在他们课下开玩笑时提到的，有的上午第四节课还用过，晚自习就找不到了。丢的书本是人人都有的课本、笔记本、工具书、辅导书。丢的都是那几位学生的书。

显然，不是丢，拿者也不是因为喜欢或需要，而是别有企图，故意为之。

凭借经验，我隐隐猜到了个中原因，心中有了指向。我没有声张，但也没有停止一寻究竟的步伐。这事不解决，太影响军心了。

第四次丢书事件又发生了，是班长告诉我，说他大课间时亲眼看见 D 同学在出教室时顺走前桌抽斗里的一个笔记本，然后迅速走出教室，来到楼道东侧垃圾通道旁，将手中的笔记本和垃圾袋扔了进去。

真相大白，果如我所料。怎么处理？道出真相，那 D 同学以何颜面立足于班内？以何状态参加高考？而且，自打分班以来，我就教他，D 之前不是这样子的，成绩也是不错的。他近几次的考试成绩与之前相比有点退步，与他自身的期望有距离。再加上他的内向性格，很有可能失落心理没有及时得到调整，用扔掉学习成绩比他好的同学的书本以求得一种心理上的平衡。这是很不健康的心理，必须遏止，但宜慎重，毕竟他是学生。

想到此，我打了一个马虎眼，对班长说他可能看错了，嘱咐他这种事没有实证千万不能乱说，让他相信老师一定能解决问题。

我思前想后，直接找他谈，显然不妥，没有亲见，不承认怎么办？就让这件事悄不声地过去？班内早已沸沸扬扬。对，我要扬汤止沸，敲山震虎。

利用班会课，我召开了"书丢了"的主题班会。很简单，面对班内接二连三丢书的事实，我请同学们谈"高考前紧张复习中我的书却丢了"的心情。

综合起来，我表达了如下内容：每个同学都是力争上游的，急用的书找不到了，其心情肯定不是一个"急"字所能形容。每一个同学都肩负着家长的期望，此事若被家长知道，会是怎样呢？老师不想扩大事态，这事已持续一段时间了，对大家已经有影响了，不能再继续了，就此打住，不再深究，所有同学各就各位，全力以赴奋战高考。我不想让任何一个同学丧失高考的资格，希望每个同学都以最佳状态迎接高考，而且要考出好成绩，考上理想大学。每一次的检测都是查漏补缺，成绩的起伏在所难免，你们平时的努力早已证明了你们的实力，这时候拼的其实是心态，所以一定要放松，放松，再放松。需要帮助，老师一定尽心尽力，不遗余力。

整个班会的过程，我观察 D，看似淡定中隐隐地流露出不自然，紧张，到最后有舒了一口气的轻松。

接下来的日子里，我抓住一切机会与 D 聊天，给予他学法上的指导和学习上的鼓励。直到毕业，我们都没触碰到这个话题，他也一直没有找我承认过错误。我们彼此是心照不宣，聪明的他知道该怎么做。

后来，他考上了重点大学，与我经常联系。

我觉得在这一事件的处理上，我倾听了来自各方面的声音，也顾及到了每一个同学的感受，给予了他们足够的尊重。比如，对丢书者，我有我的补救——为他们借来相关的书和其他同学的笔记本看；对拿书者，我有批评，但这批评是在顾全他尊严的基础上，他也能接受；班上其他同学可能心中也有猜测，但毕竟是猜测，当事人、老师都不究了，再议论也就没什么意思了。

直到现在，我都庆幸没把这事冠以"偷"。"偷"，这个字眼过于沉重，孩子的一时糊涂，为师者怎可一锤论定。后来的教育实践告诉我，面对学生的错误，不能无视，一定要弱化，把他的注意力引向正轨。过于关注那个"黑点"，就强化了他的错误意识，这显然违背了教育的初衷。

我越来越感受到用心育人的快乐与满足。

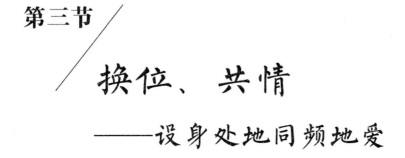

第三节

换位、共情

——设身处地同频地爱

著名教育家陶行知说过："真的教育是心心相印的活动。"1985 年，南京师范大学班华教授提出了"心育"之说，全国很多学者开始将目光转向了心理教育，关注学生的心理成长。

的确，学生在成长的过程中出现问题是正常的，而这些常以外在行为来呈现的问题，实际是学生内在心理的因素所致。所以，在学生出现问题时，教师不应该仅仅用管制、强制、命令、训斥等方式来规整他们的行为以达到维持秩序的目的，而应该把问题作为促进学生心理成熟、行为优化的契机，从心理辅导、情感教育的角度，培养学生的情商，优化学生的行为，完成由"行为管理"到"心灵管理"的转化。

后来，我在心理学家、人本主义心理学代表人物罗杰斯的著作中了解到一个概念：共情。共情，指能设身处地体验他人的处境，对他人情绪情感具备感受力和理解力。在与他人交流时，能进入到对方的精神境界，感受到对方的内心世界、知道对方的想法、能将心比心地理解对方，体验对方的感受，并对对方的感情做出恰当的反应。就是说关心一个人，不能把他作为一个客观物品从外面观察，要进入他的世界，并根植于此。

教育中的共情，主要意义在于能够以换位思考的方式对学生的心理感受、行为表现有更深刻的认知，更明确地了解其种种表象背后产生的原因，在同频共振中"对症下药"，找到解决问题的有效办法。

这让我想起了另一件事。

小叶，后转过来的借读生（当年还允许有借读生，就是学籍不在本校的学生）。刚来的时候，她母亲带着她到办公室，客气地希望我能多关照孩子。小叶站在离妈妈远一点的地方，低着头不发一言，偶尔抬头看看我也是面无表情，全无来到新学校、面对新环境的兴奋与新奇。

时间不长，我注意到，她的成绩除了语文差强人意，其他都很差。经常迟到，而迟到的原因是洗头——洗头，是小叶每天必做的功课，就算是起床晚了，也要洗，不惜迟到。她的这一习惯已经影响到了宿舍卫生评比，导致同宿舍的同学很不满。语文老师说："小叶的笔袋里面装的全是化妆品。"地理老师说："小叶上课总拿个小镜子照。"

我找她谈过多次，从她自身发展的角度讲，似乎隔靴搔痒，对她没有触动；从班集体利益的角度讲，她表面上认同，却不见行动；从她父母对她期望的角度谈，她面无表情，沉默不语。三番五次的谈话，几乎都是我一个人在说，我的话也像石子扔进深涧，溅不起半点涟漪。我有些泄气，但又有点不甘。

终于，一次意外事件，让我打开了她的心门。

那是一个泼水成冰的晚上。我照例在上晚自习之前到教室转一转。刚进教室，一眼就看到她的座位空着。"又没在？这孩子怎么回事呢？一个女生怎么就这么有主意呢？"我有些气恼，脚步却停了下来：我要在教室门口等她，看她什么时候来。十分钟过去了，二十分钟过去了，小叶还是没有来。

我开始担心了："到哪儿去了呢？"问她宿舍的几个同学，同学也摇头。

可能是"道不同不相与谋"吧，同宿舍的同学大部分是来自农村的孩子，学习认真刻苦，不注重外表打扮，平时与她接触也较少。

我先到宿舍，她不在。又到校园北门、东门，询问值班门卫，门卫也说没有请假出去的学生。我又折回到教学楼，查看了厕所，也没有。再到学校的食堂，依然没有。我掉头向操场走去，刚到停车场，就看见她正从操场的方向往我这边走来。我迎上前，一把握着她冰凉的手"看这手冻得，先跟我回办公室暖和暖和吧。"

"怎么回事？差点把老师急死！"刚一落座，已经冷静下来的我急切而又不失温和地问她。这大冷的天，她一个人在操场转，必有因。

"没什么。心里别扭，想自己清净一下。"她低着头，说得云淡风轻。

我再一次拉起她的手，心疼地说："找你的时候，老师真的很着急啊。这么冷的天，已经上晚自习了，一个小姑娘，一个人在操场上，多冷啊……要是妈妈知道了，该多担心啊。"

话音未落，小叶的眼泪已如断了线的珠子落下来，而且越哭越厉害。我无声地摩挲着她的手背，继而搂住了她瘦弱、单薄、带着寒意的肩膀。好一会儿，她才止住泪，道出了心中的委屈："妈妈和爸爸离婚了。我就是个没人管、没人要的孩子。"

刹那间，我的心又痛又疼；刹那间，我明白了小叶所有的表现，一个自觉被抛弃、多余的人如何有学习生活的热情呢？她在以无所谓、无作为的方式表达着她内心的失落、焦虑、不满、无奈啊！一个不谙世事的孩子，你让她怎么办呢？

安抚好小叶，已经快下晚自习了。我忍不住与小叶妈妈进行了沟通（小叶妈妈白天要正常上班，一般很晚才下班），介绍小叶在学校的表现和她的心理状态，建议她多关心女儿，不只是物质的满足，我们约定随时沟通小叶在校在家的表现，研究相应的教育方法。

接下来的日子，我有时间就找小叶聊天，聊天的内容不止学习；我还和她宿舍的同学交谈，让她们走近小叶……所做的一切，就是为了让她有存在感，让她觉得无论是在家还是在班级，她都是不可缺少的。

逐渐地，她很少迟到了，由对外在的关注转向对学习的投入，白皙的小脸上也能时常挂着微笑。

小叶微笑的时候真的很美！

后来，我想让小叶敞开心扉的关键，是那三句话两个动作。"找你的时候，老师真的很着急啊"，这是表达为师者对学生的关爱——我在乎你；"这么冷的天，已经上晚自习了，一个小姑娘，一个人在操场上，多冷啊"，这是换位思考，感同身受——我理解你；"这要是妈妈知道了，该多担心啊"，这也是换位思考，却触碰到了小叶内心的伤痛——这也是小叶渴望的啊。握着的手、搂着的肩，让我们的心相通相牵——彼时的我们已冲破了师生的藩篱。

是关爱，是换位，是共情，才有小叶的敞开心扉，才让日后我对小叶所做的一切更有针对性；也是关爱、换位、共情，才让小叶心灵上的转变化为行动上的转变，而且是心甘情愿主动地转变。

在我看来，换位，共情，不仅仅让教师能设身处地地理解学生，与学生产生同频共振，还暗合了学生的一种心理需求。

上高中的孩子正值青春期，身体的变化必带来心理的变化，思维上也由形象思维逐渐向抽象思维转化，自我意识与独立意识增强，认为自己是"大人"了，处处要体现"自我"的存在。他们渴望得到师长的尊重和理解，但当这种渴望得不到满足时，为了维护自尊或满足自身某方面的需要，便会产生强烈的抵触情绪，而对对方的要求或愿望采取相反的态度和言行，这就是常说的逆反心理，而这在单亲家庭中表现尤甚。不管是何原因导致的单亲，都对孩子造成了极大的身心伤害，这给教育带来了难度，也带来了挑战。

像小叶这样单亲碰上了青春期的"软逆反"，不在少数。他们在心理上主要表现为任性、逆反、自卑与敏感；在人际关系上表现为冷漠、孤僻、撒谎、好斗与报复；在学习上表现为意志薄弱、厌学、自由散漫，不思进取，破罐破摔等。他们是学校教育中一个不可忽视的群体。

解铃还须系铃人，缺爱就由爱来补。受到伤害的孩子更敏感，一点点爱的讯息都会触动她的心灵。越来越多的接触与关爱，帮助他们疏导心理状态，正确对待家庭变化，学着尊重父母的选择，学着记住家长的养育之恩，学着孝敬他们。因为，一个人如果学会了正确对待家庭，那么他看社会的眼光就会多一些柔和。

另外还可动员周围同学主动亲近他们，与他们交朋友。充分发挥班级、年级、学校活动对学生的引导功能，让他们参与到活动中来，甚至让他们担任主要角色，有意识地鼓励、激励他们。

师生之谊、同学之情、集体之暖，是滋润心田的甘泉，是温暖灵魂的力量，一定会唤醒他们对生活的热爱，学习的热情。

多年的教育实践告诉我，哪一类学生都可能出问题，出问题呈现的方式是多样的、五花八门的，导致出问题的原因是也多方面的、复杂的，但归根结底，一定要解开其心结。

而被老师公认的优秀同学，因为其优秀，而常常被忽视。而他们一旦有心结，往往藏得深，难以发现。对此，老师要做那个"识水痕"的篙师，洞察纤毫，把准脉下准药，实施精准有效的教育。

亮亮（化名），男生，16岁，高一年级学生，学习成绩在班级名列前茅，在年级也榜上有名，担任班里的团支部书记。平时他乐于助人，开朗活泼，给人的印象也是充满自信、乐观向上的，非常优秀。

但是，他的一篇周记字里行间写满了悲观与忧郁……这是我没想到的，

与我平时所看到的他是不对等的。我认为应该进一步了解他。

亮亮的妈妈下岗，全家靠爸爸的基本工资维持生活，经济状况较为拮据。初中时，学习成绩稳居全校前三名。

常言道：穷人的孩子早当家。家长维持生计的艰难会促使孩子早熟。亮亮也不例外。懂事的亮亮在学习上对自己严格要求，刻苦的学习换来骄人的成绩。

然而，当千军万马中杀进强手如林的重点中学，能否保持原有的优势呢。果然，第一次与亮亮谈话，他就道出了心中的忧虑。"来到重点中学后，压力很大。我的情绪更多的时候受考试成绩左右，以致一到考试，我就特别紧张。考得差，我就特别沮丧，觉得没脸见人；考得好，我就很有信心；但又特别害怕被人赶上，越是害怕，越不在状态，成绩就越往下掉。这种状态，想想以后，觉得特别没把握，就产生了一种悲观的念头。"

"孩子太苦太累，我们实在不忍。他太要强了。一到考试，就紧张，有时到夜里两点多钟了，还坐在桌前不睡觉。后来，我们强迫他休息，他也睡不着，越是临近大考，他越是失眠严重。有几次，我们要向您请假，他不让我们说。"亮亮家长这样介绍说："我觉得，孩子和我们交谈得越来越少。他回家后，除了饭桌上几句简单的对话，他几乎没时间和我们说话。有时，他对父母发脾气，我们也不太敢批评他，害怕影响他的学习情绪。其实，他也很懂事，我们家不太富裕，他知道家里供应他上学不容易。所以他特别努力学习。他这个孩子特别在意老师、同学对他的评价。有一天，数学老师批评了他一句，他回家后沉闷了很久，情绪很压抑。"

的确，越是优秀的学生，他们对自己的要求越是严格。他们往往过分看重家长、老师、同学的看法，比较敏感，容易接受暗示。他们自觉地将家长、老师的要求转化为自己的要求，给自己加压。面临压力时，也不轻易向人倾诉。为了表现自己的坚强，他们往往独自承受压力。即使是难以化解的压力，他们也往往把它埋藏在心里。

对亮亮而言，如果不能让他认识到"每个人都面临着竞争的压力"，就不能消除他的失落感，就不能激发他的斗志。

于是这一次与亮亮的交流，我没有说他，而是向他敞开我的心扉。我向他诉说了我所面临的工作上的压力，我的焦虑、不安，以及不知所措，并就课堂纪律欠佳，个别同学不参加早锻炼等一些班级工作问题向他请教。他很认真地听了我的述说，也很认真地给我提出了一些中肯有益的建议，他还宽慰我，不要光看到班级的一些不良现象，更要看到班级所出现的许多好人好事和令人高兴的成绩。

角色的互换，于不知不觉中，亮亮已经明白：当人面临压力时，首先要学会分析自己的情况，既能看到自身的优势，又能分析出不足，以便能够客观面对现实，做好自己。

有了这样的认识做基础，再针对其现状做分析就更客观，也更易于接受了。

我们一致认为：学习有耐力，肯吃苦；基础较好，有潜力；敢于上进，对自己有要求等，这些是优点。有时急于求成，有时有急躁心理；缺乏长远的眼光，太过于在意每一次成败；抗挫能力较弱，这是不足。学习的过程就是查漏补缺、扬长避短、树立信心的过程，就是学会自我调整的过程。

调整的过程，也是不断进步的过程。比如，不打无准备之仗，每次测试竞赛前要尽全力做好充分的准备，不管考得如何，学会分享，分享可使快乐翻倍，失意减半，分享还可以有"病树前头万木春"的功效。眼光不拘一时一试，脚步不辍一步一踄。坚信：绳锯木断，水滴石穿。

这以后，我利用一切可以利用的时间，与他有更多的交流，即使是课间很短的时间。这时，亮亮也会微笑着向我说一些小"成功"：体育测试过关了，成绩很好；语文阅读完成了，感触很深；英语单词背下了，表现不错……

或告诉我一些小"失败"：数学测验又太粗心了；物理作业做不出来；班级工作有的同学不支持……每次我都是微笑着倾听，不断地鼓励。我感受到，他的心情在交谈中得到了宣泄与缓释。一段时间后，他已把压力合理、科学地转化为学习的动力，放下了包袱，逐渐以平和的心态面对高中生活了，呈现在脸上就是洋溢着乐观的微笑。

亮亮的笑同小叶的笑一样美！亮亮的故事让我感触最深的有两点：

一是优秀的学生往往自我要求很高，因而也让自己背负了沉重的压力。作为教师，我们看到的、关注的往往是他们展现给我们的积极进取最优秀的一面，而过于信任他们的自理自律能力，进而忽略、忽视了对他们内心世界的了解。实际上，对于那些成绩优秀的同学，我们不仅要关心他们的学习，更要关注他们心理的健康成长。

二是我们在做学生工作时，切不可置身事外，更不能居高临下，要俯下身听，给予学生平等与尊重；要置身其中说，给予学生共情与共振。当教师向学生袒露心扉，明显地，师生间的厚障壁慢慢消失，似乎师生间因有了共同的秘密而格外亲密。

第四节

平和、从容

——因势利导机智地爱

很多人都熟知著名教育家陶行知先生《四块糖的故事》：

教育家陶行知当小学校长时，有一天看到一个学生用泥块砸自己班上的同学，当即制止了他，并令他放学时到校长室里去。

放学后，陶行知来到校长室，这个学生已经等在门口了。可一见面，陶行知却掏出一块糖送给他，并说：这是奖给你的，因为你按时来到了这里，而我却迟到了。学生惊异地接过糖。

随之，陶行知又掏出第二块糖放到他手里，说：这块糖也是奖给你的，因为我不让你打人，你立即住手了，这说明你很尊重我，我应该奖给你。那个同学更惊异了。

陶行知又掏出第三块糖塞到他手里，说：我调查过了，你用泥块砸那些男生，是因为他们不守游戏规则，欺负女生。你砸他们，说明你很正直善良，有作斗争的勇气，应该奖励你啊！那个同学感动极了，他流着泪后悔地说：陶校长，我错了，他们毕竟是我的同学啊！

陶行知满意地笑了，他随即掏出第四颗糖递过来，说：为你正确地认识自己的错误，我再奖给你一块糖果，我没有多的糖果了，我们的谈话也可以结束了。

我很早就读过陶行知先生的育人故事，但是很长时间才悟出这故事蕴含的教育深意。

类似学生的打架事件，估计不少老师都遇到过，但又有几个人能像陶行知先生这样处理呢？

先是立即制止，这是每一个老师面对这样事件都会有的第一反应，不足为奇。奇的是陶先生看到了打人学生对老师的尊重——"不让你打同学时，你马上就住手"，并把这种老师解读到的尊重外化为一块糖果，放到学生手里。这个学生并没意识到，否则当他拿到第一块糖果时就不会惊讶。

然后责令学生放学后到办公室。学生准时来了，而且先于老师。这应该是对老师尊重的延续，奖励一块糖果。这等于强化了学生尊师的意识。

给出第三块糖果，是在了解事情前因后果后，肯定学生的正义感，强化他正确的道德动机，避而不谈、弱化其伸张正义的暴力行为。

老师用对发掘学生一个个优点的奖励唤醒一个有尊师意识的学生心中的是非观念，激起他内心的波澜，使他产生懊悔、不安的心情，从而推动他提高认识、改正错误。真是高妙！

自然，承认错误该奖励又一颗糖果。

没有一句训斥，没有一句呵责；四颗糖果，一世甘甜。甘甜的不只那个学生，还有我，我们，这些教育工作者。

马克斯·范梅南在《教育的情调》一书中写道：应该承认，作为成年人以教育者的身份与孩子相处，无论我们的举动多么充满善意，我们的言语和行动所表达的情景仍然可能与孩子体验到的那种情境根本就对不上号，而学生与学生之间，或者教师与学生之间又常会有一些突发事件发生。这时，我们需要用教育的智慧与机智来处理这类突发事件。

陶先生的教育的智慧与机智，体现在四颗糖果的"糖出有名"，也体现在事件伊始的处理。

面对学生的暴力行为，陶先生及时制止却没有贸然地训斥与批评，更没有简单、粗暴、武断地下结论，而是头脑清醒，不急不躁，令学生"去办公室"，注意这个时间点"放学后"，时间由"现在"拉长到"放学后"。放学后，不影响正常的教学活动；放学后，事情已过了一段时间，当事人的情绪不像发生时那样激烈，也给老师自己留下了一段思考如何处理的缓冲时间，为彼此间更好地交流做了最充分的铺垫。再注意这个地点是"办公室"，地点由"现场"移到了"办公室"。办公室，既避开了同学和老师，保护了孩子的自尊，又自然而然地对学生有一种约束。

整个过程，陶先生的表现自有一种四两拨千斤的功力，又有一种成竹在胸、游刃有余的淡定与从容，堪称完美！

细细想来，陶先生的教育智慧与机智不是天赋，是靠对教育事业和学生的无比热爱。对教育事业和学生的爱，本身就是一种潜在的应变机智，它促使教师不断地努力提高自己、充实自己。教师热爱学生，就会更多地关注学生，就能比较客观地发现学生的优点和缺点，就能尊重学生，最大可能地保护学生的自尊心，蕴藏在学生内心的积极因素也就会最大限度地被激发出来。

陶先生的教育智慧与机智不是天赋，是源于教师的职业责任感。有高度事业心和责任心的教师会对发现的问题不躲、不避、不逃，而会积极主动地去解决问题，更会积极主动地去发现问题。

陶先生的教育智慧与机智不是天赋，是源于教师的观察与发现。只有教育经验丰富的教师，才善于在瞬间捕捉到学生的情绪变化和临场表现的积极因素，通过积极引导，使学生朝着良性成长的方面发展，使学生美的一面得到展示。

陶先生的教育智慧与机智不是天赋，是在长期的教育工作实践中不断磨炼和在经验的总结中逐渐形成的教育能力，是其人生阅历、文化修养、人格魅力等的自然呈现。所以他能捕捉教育的最佳时机，"当其可时谓时"，他能选择适合的地点，对学生进行引导和教育。他知道什么该说，什么不该说，什么该提，什么不该提，能积极地分辨出对成长中的孩子而言怎么做合适、

怎么做不合适。

陶先生的教育智慧与机智不是天赋，非三言两语所能形容，它包含了太多的教育要义，如责任、担当、尊重、平等、换位、共情等等。

一言以蔽之，没有源于深入灵魂的师爱，就没有教育智慧与机智这一更高境界的达成，也就不能体现教育实践的本质，不能升华教育理念的要义。

这应该是每一位教育工作者追求的目标。

试选取几个场景，以展我对这一追求的步伐。

课上吃苹果

那天，讲台前，我正讲着课，忽然看见坐在后排的一名平时散漫、对学习不大上心的男生，举着个大苹果旁若无人地吃着，他似乎忘了在上课。我略作停顿，笑了，说："你坐着，我站着；你吃着，我看着。考验老师呐！"老师的停顿已引起了学生的注意，看似突兀的一番话立时让班上其他同学心领神会——有同学吃东西呢，又忍俊不禁——纷纷顾盼寻找那个吃东西的同学。当事人——那个男生脸红了，非常不好意思地把苹果放到桌子的抽屉里。见状，我说："苹果，几乎人人都爱吃，因为它于我们健康有益，但是，还有一种苹果能让我们的身心受益，受益终生。好，我们接着吃这个苹果啦。"课在继续。

男生留长发

新学期开学后不久，我发现班里一名爱留长发的男生头发又长了，楼道里，师生相遇，我说："今天是二月二，龙抬头，龙不抬头人抬头。你抬头了吗？"那个学生说："老师，我没抬头。"我说："你还是抬抬头吧。二月二去理发，能够给你带来一年的好运，正好你的头发有些长了，多好的机会啊！"学生连忙说："老师，我去，我去！"

比赛失利

一次广播操比赛，我带的班得了第四名。学生们很不满意，甚至有的学生不服气。

回到教室，我说："名次不重要，过程很重要。比赛前，同学们在课余时间刻苦练习，达到了强身健体的目的；比赛中，同学们团结拼搏，表现出的强大的班级凝聚力和团队合作精神，这远比名次更重要。评价的标准不只是名次，在我心中，你们就是最优秀的！"

农训去不成了

那年四月底，是高中生必须参加的农训时段。学校通知我带的实验班由农训改为为中考体育测试服务。

要知道，农训是要有成绩记录在档的。而且，离开学校去农训基地，是学生盼望已久的，能放松放松。而中考体育测试，听着就紧张，想着就累。

如何让学生心平气和地接受现实呢？

清明节休息周的前一个晚自习。我在通知完清明节放假安排后，问学生："还有一个事，你们听说了吗？"学生说："什么事？"我说："就是去劳动实践的事。"这时，有的同学就说了："听说留两个班不去？"我顺着学生说："对。今年初中升高中要体育测试成绩，我们学校是中考体育测试考点，局里要求两个班同学跟着测试服务。中考是一项既重要又非常严肃的事情，它会影响考生的命运。你们说，学校会留下哪两个班呢？"有的学生在下面小声说："留好点的呗。"我说："你说得非常对，这么重要的事，肯定要留比较好的班级。我们班表现怎么样？"学生说："好！"我顺势说："那告诉大家一个好消息，我们荣幸地被留下了。"学生并没有因听到我说的这个好消息而有什么兴奋的反应，他们不知道好从何来。我又接着说："去下伍旗农训共七天，留在学校这七天，我们五天完成体育测试服务，剩下的两天，一天去北大，一天修整，怎么样？"话音刚落，学生鼓掌欢呼。我接着说："我们还可以利用晚自习的时间看看电影，比如英文版的世界名著《乱世佳人》，语文课文中的经典名篇《边城》之类的，或者是历史的"二战纪实"什么的，怎么样？"学生又一次鼓掌欢呼。这时有的同学又问："老师，那我们还用补劳动实践课吗？"我说："不用。为体育中考服务是特别有意义的劳动实践！""那成绩怎么算？"我说："只要圆满完成任务就肯定是优秀。"学生又一次鼓掌欢呼。

我班同学圆满完成了为中考体育测试服务的任务，当然，他们想到的、没想到的心愿也达成了。

当然，这样的处理还显得很稚嫩，也说不上有多高明，但明显地，我感觉到了一种愉悦。细细想来，可能就是一种处理问题方式的改变，或者还蕴涵了什么——

学生课上吃苹果，教师视而不见，置之不理，肯定不妥；批评呵责，也不能说错，但结果，可能是学生认为的小题大做，表面应承心里不满；可能是师生课堂上的僵持尴尬，不管哪种可能，都会影响正常的教学秩序，达不到育人的目的。

比赛失利，教师不闻不问，任由学生垂头丧气，或者师生一起情绪低落，结果势必失去学校组织比赛的初衷，又埋没了学生在整个过程中的努力拼搏团结合作的精神，还会给接下来的学习生活带来隐形的负面影响。

农训去不了，教师就实事求是地说这是学校的安排，必须服从，未尝不可。简单地上传下达，谁都做得到，学生也不会违拗，就如同看到男生留长发，老师让他立刻、马上、必须，剪。行不行，当然行，但，以难违上命的心理做事与以心甘情愿的情绪做事，其结果或许差异不大，但对后续老师的管理、学生的学习肯定有影响，而且不小。

我要向陶行知先生学的实在太多太多。

世上的事，当由被动地"让我做"变成主动地"我要做"时，工作就会变成一种乐趣，一种享受；人就会拥有积极乐观的心态，持之以恒的工作热情，孜孜不倦的工作干劲，内在潜能得到最大限度地激发，让很多"不可能"变成"可能"。多年来对育人的实践与探索，让我养成了思考的习惯，以致看到什么都会引发我对育人的思考。

比如根雕。树根，每一根都是天然的，有自己的年轮、纹理、形状甚至疤痕，都是孤品，独一无二。

比如种植。南北作物有异，即使是在吴越水乡，也是"深处种菱浅种稻，不深不浅种荷花"。

比如中医治病。《内经》有这些治疗法则："因其轻而扬之，因其重而减之，因其衰而彰之""其高者，因而越之；其下者，引而竭之"等。

比如用兵。孙膑向田忌献策"善战者，因其势而利导之"而大败庞涓。

比如建筑。滕王阁的桂殿兰宫，莫不是"即冈峦之体势"。

……

因势象形、因地制宜、因势利导、顺势而为、有的放矢……这不就是育人应遵从的法则吗？

我读过梁鹏威的《天使的左翼》，很喜欢。喜欢书中梁母爱子育子呈现出的智慧与机智。

儿子没考班中第一，为不能减半学费而忐忑，妈妈说：名次不重要，学识才重要。

母亲这样做，是为了让儿子知道有比名次更重要的东西，不要为分数所累，要注重耕耘的过程。名次只是一时，学识受益终生。

母亲倾尽所有，助好友身染沉疴的小弟痊愈，自己却染上恶疾，好友不仅援手不伸，反而绝迹往来。儿子义愤填膺，母亲说："事情很少有一个因素导致一个结果那样简单，一件事情发生总有好些纵横交错的原因。那位好友也一定有许多不得已之处。"

母亲这样做，是怕儿子"执迷于恩怨分明、忘恩负义这些很原始、很主观、过分简化的道德观念，和一个原因导致一个结果的很原始、很低层的单轨思维模式，以致妨碍了知识和思想的发展"。

所以，儿子的成长既保有自己的个性特长，又没有偏离做人的正确轨道；所以，母亲辞世时是欣慰且放心的，因为她的儿子已成为于社会有益有用的人。

书中梁母那种育子时看人看事的视角，还有那种双线、双轨、双向的母子之情；那种互动、互相丰富、生生不息、不断发展的母子之爱，不也是师生间应有的追求境界吗？

爱其深，为之计深远矣！

读范梅南的《教学机智——教育智慧的意蕴》，喜欢他说的教育的本质不能用经验科学的方式来对待和研究，喜欢他用"教育的智慧性"和"教育的机智性"的概念来展示交互性教育实践具有的微妙的、极具规范性的特征，喜欢那蕴涵深意的沉默，代表力量的手势，传达温暖的目光，带来震撼的话语所展示出来的教师在教育教学过程中敏锐的观察、准确的判断、果断的行动和适当的处理。

陶行知说："在教师手里操着幼年人的命运，便操着民族和人类的命运。"我深知肩上的责任与重担，教育是心的唤醒，真教育是心心相印的活动，唯独从心里发出来，才能打动心灵的深处。我愿以自己对教育、对学生的拳拳爱意，为使学生成为更好的自己，使自己成为更好地自己，在育人的道路上不断探索，倾力用心，砥砺前行！

从匠人到匠心

第二章

——我的教学之悟

　　自从我成为一名天津师范大学的学生，就常有亲朋邻里、同学好友称我是未来的"教书匠"。每每听到这些话，脑海里就闪现出老辈人说过的旧日私塾先生机械刻板的教学场景，我心里总有一丝不悦。

　　记得大学毕业前的最后一次班会上，班主任老师说："作为未来的一位教书匠，咱们不仅仅要做好匠人，更要做有匠心的匠人。"

　　内心满是困惑，赶快拿出字典查查。匠，在某一领域有很深造诣的人。词组有匠人、匠心、匠心独运等。我原以为，工匠意味着机械迂腐，而实际上，他们是在通过重复打磨造就精益求精的作品。这一过程，需要内心平静、执着、耐得住寂寞、不图虚名浮利、将细节做到淋漓尽致的坚定毅力和行业操守。匠心：出自唐代王士源《〈孟浩然集〉序》："文不按古，匠心独妙。"有匠心的人能用巧妙独特的构思，打造出融入情感，具有个性特征的作品。

　　我明白了，匠人因为专注，所以精彩。大家称我为未来的"教书匠"与父亲一直叮嘱我好好学习将来做个"好老师"是一样的，都是对我有着美好的期望。

　　随着教龄的增长，越发深刻地感悟到，做一位好的"教书匠"实非易事，"匠心独运"更需要时间和心性的"修炼"。

第一节

找寻教学密码

刚参加工作时，老教师们对我说："教什么，教材是依托；不是教教材，而是用教材教。吃透教材是关键。"这听起来像绕口令的指点，我似懂非懂。我的想法很简单，我教的学生得高分是硬道理。

最初的几年，拿到教科书和配套的教参，我便如获至宝般对照着逐章节的理解；搬来一摞摞的练习册，一本本做，按照答案逐一修改；听老教师的课，我"鹦鹉学舌"，唯恐说错。此外，我还像"哈利波特"在魔法学校图书馆里寻找"魔法师的秘密"时一样，把所有能找到、买到的参考资料都筛选一遍，整理出各种题型和考点。考场上，听着学生"春蚕食叶响回廊"的答题声音，我很有成就感。大量的练习之后，学生的成绩有所提升，我非常开心。自认为找到了历史教学的密码、高分的法宝。

很快，我发现学生的知识体系、分析问题能力并没有提高。我又开始苦思冥想，找原因。茫然中，记起老教师指点我说的话里，"教材"是关键词。教学材料中最重要的就是教科书，首先一定要把教科书吃透。

怎么做才能用好教科书呢？我开始了对同行教师的仔细观察。即便周六、周日补课期间，我都不敢有丝毫懈怠，生怕错过了学习的机会。看怎么备课，我发现他们看教科书也查阅教参；观察他们怎么处理作业，发现他们记录共性问题，个别问题个别解决。我也是这么做的，为什么效果不同呢？教研活动中，一位教师说道："要想吃透教科书，必须先把教科书读薄，再把教科书读厚。"

这哲学般高度概括的方法让我一头雾水，我该怎么做才能"读薄"再"读厚"呢？我反复思考，发现这个方法中"读"是关键，于是我又踏上了读教科书，寻找教学"密码"之路。

我开始通读教科书，不放过教科书中的每一句话、每一幅图片、每一个表格和注解；琢磨每一章的标题与标题之间、子目与子目之间、段落与段落之间、前句与后句之间的逻辑关系以及每句话要表达的含义。

读着读着，我想起来高中英语老师反复强调过的话：要真正读懂一个故事必须弄懂这些词：who、when、where、what、why、how。通过这些问题的思考，再联系以前整理的大量习题，我慢慢悟出了一些道理，开始自己设计问题。针对每个自然段设计一个问题，并分析从哪几个角度来说明此问题，最后再从每个角度中概括出关键词。按照这个思路一章一章、一节一节读下去，把很多零碎的知识汇聚成主干，把庞大的知识体系浓缩成了主干框架，我真的有把书"由厚读薄"的感觉了。

摸索出"设问、找角度、找关键词"读书法，我感觉找到了教好、学好历史的密钥，这成了我的法宝。觉得此法，我便经常把它运用在指导学生分析问题和解决问题中，这就变成了我的"名言"。有一次参加我所任教班级的班会时，其中有个"猜猜是哪科老师"的游戏。当给出谜面：常说"设问、找角度、找关键词，这是谁？"同学们竟然异口同声喊道："历史老师"。我的心像融化了一样，可见同学们对这一阅读教科书的方法已经烂熟于心了。

此时我才发现，最初的"找题、做题、讲题"的教学方法竟是教学中的最"底层密码"。

我明白了把书"由厚读薄"的门道，那怎么把书"由薄读厚"呢？在读教科书的过程中，我一直坚持"脑勤"，关注课本细节，注重对课本内容的深挖掘。在读教科书过程中，遇到自己不能解释的历史概念、不熟知的历史人物、不了解的插图等，都要查找资料，弄个究竟。例如：人民教育出版社编著普通高中课程标准实验教科书（以下简称人教版）历史必修二第九课《近代中国经济结构的变动》第三子目中国资本主义产生中提到中国近代早期著名的民族资本主义企业，其中之一是天津朱其昂创办的贻来牟机器磨坊。机器磨坊很容易理解，是用近代机器来磨面粉，但对于该企业的名称"贻来牟"三个字，却不知其含义。于是，我从"百度"上查询，"贻"字为"赠送"之意，"来牟"的意思是古时种植的大小麦子的统称。再通过与语文老师一起深究这个词语，发现《诗经·思文》有这样的句子："思为后稷，克配彼天。立我蒸民，莫匪尔极。贻我来牟，帝命率育。无比疆尔界，陈常于时夏。"说是后稷时天帝给他"来牟"种子，让他播种于中原大地。了解到这里，朱其昂选用"贻来牟"这个让我们感觉奇怪的名字，他的用意和文化内涵就彰显出来了。他希望大家把麦子拿到机器磨坊来磨，"贻"字含有"贝"字旁，与钱财有关，符合中国生意人从语言文字上追求生意兴隆的寓意。再继续挖掘朱其昂人生经历，发现他并不只是一个机器磨坊主，贻来牟机器磨坊只是朱其昂巨大产业中的很小一个部分。比如上海轮船招商局就是经朱其昂等苦心经营，频年开拓，渐从洋商手中挽回利权。朱其昂个人的人生经历也是一部近代中国经济结构变动与资本主义曲折发展的历史缩影。

这是一种推开历史的厚重大门，倾听文明无声启迪的神奇体验。在教科书中，需要我们思考并深入挖掘的内容有很多，比如：兴中会入会誓词明确提出了"驱除鞑虏，恢复中华，创立合众政府"的奋斗目标，"鞑虏"和"合众政府"的含义分别是什么？再比如学习人教版必修2中遇到的"耒""耜"是什么形状的工具，有什么功能？"曲辕犁"构造特点及功能？等等，可以说在阅读历史教科书的过程中，每前进一步，都需要打开字典、词典、书籍来查询其中的究竟，这就是将所谓的书"越读越厚"了。就这样，即使用了十多年的教科书，再次使用时我依然认真阅读，每次阅读都有新的发现、新的理解、新的感悟，有一种常读常新、百读不厌的感觉。

我兴奋地把这感悟与我的学生们分享。因为吃到了把书"越读越薄"的甜头，他们把"越读越厚"当作学好历史的新法宝，于是学生的思考多了，时常向我提出新的问题。这反过来推动和激励我不断通过阅读一些专业书籍来提高自己的专业素养。我想这就是我要找的历史教学"终极密码"吧。

读透教科书之后我发现，根据学生已有认知规律、知识特点，有些时候我需要通过对教科书进行二次加工，才能实现"书无我有，书有我精，书精我深"的教学效果，体现教师主导、学生主体的理念。

例如，人教版必修1"英国君主立宪制的确立"一课，内容跨度大、概念多，加上学生对英国国情文化缺乏深入了解，对于才开始高中历史课程学习的学生来说，接受起来有困难。基于这样的学情，我出示英国国歌歌词并设计思考题："这是哪国国歌？国歌名字是什么？为什么以《天佑女王》为国歌？你知道女王现在拥有什么权力吗？为什么英国有女王还有首相？"这样设计的问题既切合学生的认知水平，又能激发学生的兴趣和求知欲，使他们有话可说，又能引入对教材的深入理解。

授课中，我打破了教科书中本课内容的顺序，以"建立民主——权利法案、发展民主——责任内阁制、完善民主——代议制的发展"这条思路，把工业革命时期议会改革内容调整到了"完善民主"这一教学环节中，使学生更加清晰把握英国君主立宪制发展脉络。

通过这次尝试，我终于明白，老教师的课为什么能在不经意间引人入胜，突破重点、难点不留痕迹，教学方法信手拈来、随意切换。我也终于明白"吃透教材"才能跳出教材的真正含义了。教科书决定教什么，学生决定怎么教。只有深入了解教科书和学生，我们才能做好教学工作。此时，我有了重设"教学密码"的信心。

要上好一堂历史课，往往要综合运用多种教学方法才能达到预期的教学效果。到底哪种教学方法适合自身特点、符合教学规律、适合学生认知特点，能让自己的课堂充满魅力的同时又能促进学生学习能力的提升呢？这是我一直在思考的问题。为此，我尝试构建了多种方法，取得了比较满意的效果。

概念教学法

历史概念反映了相应历史内容本质的、内在的联系，是对基本史实实质的、抽象的概括，是课堂教学的核心也是难点。

在教学中，我将历史概念作为突破口，通过解释、辨析、深化与拓展引导学生对历史概念进行比较、概括、分析，找出它们的共性和个性，培养学生准确把握历史概念的历史叙述、历史批判、历史理解能力，提升学生的思维品质。

比如，民族资本主义与资产阶级、资本主义、外国资本主义四个历史概念的区分是学生的疑惑点。我首先让学生分类，从"人"和"事"角度分两类，资产阶级属于"人"，余下三个概念属于"事"。在余下的三个概念中，按照种属关系来分类，"种"概念范围比较大，"属"概念范围比较小，从属于"种"概念，资本主义属于"种"概念，外国资本主义和民族资本主义属于"属"概念，资本主义（既包括外国资本主义也包括民族资本主义）是资产阶级产生和发展的基础。最后，对外国资本主义和民族资本主义两个概念进行区分，一个重点是"外国"，一个重点是"民族"，在近代中国，半殖民地、半封建社会的特殊国情，存在外国资本主义和中国自己的民族资本主义，并且，民族资本主义是在外国资本主义的刺激之下产生的。

抓住关键点，我继续追问：是不是所有的中国人自己办的企业都是民族资本主义？洋务企业和官僚资本主义企业是不是民族资本主义？在学生思考的基础上，我解释说：民族资本主义是中国近代史的特有概念，它是指中国的民族资产阶级即中等资产阶级和上层小资产阶级所经营的中等规模和小规模的城乡资本主义经济。从经济地位上讲，民族资本主义是指中小资本，他们对于中国革命具有矛盾的态度，对帝国主义、封建主义和官僚资本主义有革命的一面，可以作为新民主主义革命团结的对象。

通过"分类—比较—发现—表述—追问—再思考"，帮助学生加深对概

念的理解，促进他们提高历史理解力。

史料教学法

史料教学法是历史教师们公认，也是历史教学中最适合、最常用的方法之一。上海师范大学的李稚勇教授说："我们可以说史料教学已经成为 21 世纪历史教学的发展趋势"。著名史学家周谷城也曾说："离开史料，不能讲历史……离开史料固不能有历史"。

在历史教学中，如何引用历史史料呢？叶小兵先生在分析运用教材中的史料时提出："教师首先要分析这些史料与教材内容的关系是什么，进而要考虑如何在课堂上运用这些补充史料，在教学时怎样引导学生阅读和理解。"

遵循此原则，在讲授人教版必修 1《英国君主立宪制的确立》一课中"传统的破坏——革命，议会和国王的主权之争"这一内容时，我引用了钱乘旦先生《英国通史》中的一段话："归根结底，17 世纪的英王违背了英国自古以来就形成的自由传统……"引导学生思考：请结合课本指出 17 世纪的英王是怎样违背"自由传统"？当时社会的经济、政治状况如何？

问题的设置基于史料的内容，同时结合学生在预习时提出的相关问题。学生貌似"稚嫩"的问题为我有针对性的设问及解惑提供了很好的切入点。在初、高中历史知识的有效衔接方面，这也给我提供了很好的角度。同学们的预习反馈，使我得以在学生智力的"最近发展区内"设计出"走在学生发展前面"的有引导性、启发性的问题。

史料教学，是老师带领学生通过对史料的阅读、挖掘、分析、思考，帮助学生客观地了解历史的本来面貌，并从中获取有价值的历史信息，扩充知识，更好了解历史，促进学生形成比较全面的历史观及发展观的过程。因此，史料引用的准确性、真实性，及运用的适时性是尤为重要的。

例如，"英国君主立宪制的确立"一课中，《权利法案》的制定是一个重点内容。在教学中引用《权利法案》颁布的原始史料就成了这节课的一个重要内容。在甄别中发现通过网络、参考资料搜集到的史料图片不是原始文件，怎么办？我向远在英国的朋友求助。通过她，我最终找到了确切的英国《权利法案》的图片史料，使我这节课上的信心十足。

情境体验法

历史是"立体"的，不是"扁平"的；是真实社会发生过的，不是文学手法杜撰的。通过"穿越"回到历史的场景中，可以极强地增强学生对历史的感性认识，进而提升对学习历史现实意义的认识。

例如，在人教版必修1第22课"祖国统一大业"的教学中，课本上关于"香港的回归"这一历史事件的内容是高度概括的。如果按照课本内容讲解，学生很难对"中国政府是如何收回香港主权的？"有透彻理解。

为了让学生感受香港回归的过程，充分激发学生的爱国主义情感和民族自豪感，我在处理"中英关于香港问题的谈判"上，采用了"情境体验法"。由学生分别扮演邓小平和撒切尔夫人谈判，"重现"这段历史。

准备阶段——深入情境，理解历史。班内10名同学组成"会晤"小组。组内有总策划、编剧、解说、角色扮演等分工。其中一名同学负责解说，一名男生扮演邓小平（同学甲），一名女生扮演撒切尔夫人（同学乙）。在老师的指导和同学们的帮助下，他们通过网络或书籍查找邓小平与撒切尔夫人会谈的相关资料，然后组织选取"再现会谈"材料，做好角色扮演的准备。在准备的过程中，学生以团结合作的团队精神顺利地完成了准备工作。

课堂角色扮演——再现情景，深刻感悟历史。

在课堂上，三名同学生动形象地再现了邓小平与英国首相撒切尔夫人的谈判经过。

解说员：1982年9月，英国首相撒切尔夫人访问中国，就香港前途问题与中国领导人邓小平进行了会谈。

邓小平的扮演者和撒切尔夫人的扮演者分别从讲台的两侧走上来。

乙：我作为现任首相访华，看到您很高兴。

甲：欢迎您到中国来！

接着，宾主双方握手就座。

解说员：就撒切尔夫人而言，在香港问题上始终抱定"有关香港的三个条约仍然有效"的主张，并在来华前就早有声明，大造舆论。因此正式会谈一开始她就提出了这一问题。

乙：我首先阐述英国立场，我想有关香港的三个条约在国际法上仍然有效，只可通过协商加以修订，不可单方面予以废除。

甲：通过我们的谈判，中国要解决的主要有三个问题：一是主权问题，双方就香港归还中国达成协议；二是1997年中国恢复行使主权后对香港采取的政策，也就是如何管理香港；三是从现在起到1997年的15年中的安排，也就是双方如何合作为中国恢复行使主权创造条件。这三者构成香港主权回归的过程。

此时甲同学伸出手来掸掸（一支没有点燃的）香烟，随后再次把那支"熊猫烟"举到嘴边，深深地吸上一口，细细地品味着淡淡的烟味，眯起眼睛注视着半空中（尚未散开的烟雾），仿佛在憧憬香港回到祖国怀抱的画面。甲同学惟妙惟肖的扮演深深地吸引了同学们。

乙：如果中国同意，1997年后由英国继续管制香港，我愿意考虑向议会提议以令中国满意的方式处理整个主权问题。

甲：中国在这个问题上没有回旋余地。坦率地讲，主权不是一个可以讨论的问题。1997年中国要收回香港，这是谈判的前提。从1842年英国占领香港至今，已经整整140年。中华人民共和国成立已经33年，我们不是满清政府，不是李鸿章，如果到时还不收回，就无法向中国人民和世界人民交代。

甲同学的话说得坚决而直截了当，那情景，简直就是告诉英方，中国政府主意已定，英国没有半点讨价还价的可能。

甲同学继续说：我们理解港人希望生活方式不变，而且，这种不变，还要有保证。关于这些，我们可以实行"一国两制"。

乙：这简直是"天才的创造"。但是，要是谈判不成功怎么办呢？

甲：中国政府在做出要收回香港的决策时，已估计到了可能出现的各种情况。如果说宣布要收回香港就会"带来灾难性的影响"，那么中国政府要勇敢地面对这个"灾难"。

全班响起了热烈的掌声。

解说员：中英就香港问题达成协议，是改革开放后中国综合国力增强的结果，是"一国两制"方针政策的结果，是中英双方共同努力、互谅互让的结果，它证明中国在世界上是值得信赖的国家。香港问题的成功解决，是"一国两制"伟大构想的成功，是中国改革开放的成功，是伟大祖国已经屹立于世界民族之林的最佳证明！

此时，同学们情绪高涨，热血沸腾。

接着他们热烈地讨论起我提前设置的问题：中英双方的主要分歧是什么？中国政府是如何解决这一分歧的？双方最后的谈判结果是什么？对以邓小平为核心的党的第二代领导集体在谈判中的表现，你有何感想？

一名同学课后说道："我听见的，印象不是太深刻；我看过了，就领会了；我做过了，就深刻理解了！这种深入情境的学习很适合我！"

课堂追问法

陶行知先生说："发展千千万，起点是一问。"马一浮先生说："善问者必善学，善学者必善问。师资道合，乃可相得益彰。"

由此可见，巧妙地提出问题是高效课堂的保障，是引导学生真思考、真动脑的有效手段。而追问依赖教师扎实的知识基础、灵活的应变能力，机智、快速、准确、有效捕捉设问角度，是检查学生对知识理解的角度、深度、广度的有效方法。善于追问的课堂是精力高度集中的课堂，是学生喜欢的课堂，是师生共同创新的高效课堂，因此是精彩的课堂。

以我试讲的普通高中教科书历史必修"中外历史纲要"（上）第7课"隋

唐制度的变化与创新"中唐朝中期租庸调制被破坏的原因为例：

师问：租庸调制建立的基础是什么？

生1：均田制

师（追问1）：实行均田制的前提又是什么？

生2：有大量的可供均田的土地。

师（追问2）：国家可以将地主的土地均分给农民吗？

生3：不可以，土地是地主私有的。

师（追问3）：既然这样，国家只能将掌握的无主荒地分给农民，或者开垦更多的土地。那么，租庸调制征税的依据是什么？

生4：人丁。

师（追问4）：现在，我们可以得出一个结论：租庸调制的有效推行，需要两个条件，即足够的土地和准确的人口户籍。请你综合以上信息，解释一下，为什么恰恰在盛唐之际，租庸调制崩溃了，原因有哪些？

生5：国家发展，人口大量增加，土地不够分了，出现了人地矛盾，均田制破坏。

生6：社会发展，土地兼并会越来越多，均田制也无法实行。

师（追问5）：请同学们再沿着"人丁"这个思路想一想，租庸调制要想有效实行，必须掌握准确的人口户籍，但是随着社会发展，可能出现什么问题？

在这个例子中，我使用了"连环问""阶梯问"两种追问方式。

当教学内容繁难时，设计有梯度的"阶梯问"，使得繁难知识化整为零、化难为易。在引发学生深层思考"均田制"被破坏的原因，我使用了"连环问"，不仅实现了知识的传授，也促成了学生一次次思考与互动，使学生思维不断向纵深与宽广发展。

在追问4后，我发现学生回答得仍不够充分。我没有直接问"同学们再想一想，还有什么原因吗？"，而是采取了点拨诱导法，请同学们再沿着"人丁"这个思路想一想，可能还有哪些原因。学生顺着这个思路思考，自然会想到随着社会发展人口增多的问题、户籍管理不善的问题等。这样避免了"口头禅"式的问题，提升了学生思维品质与课堂效率。

"行是知之路，学非问不明。"教学就是教师引领学生不断生疑——释疑的过程。通过教师追根究底地查问，多层次有梯度地发问，迫使学生在无疑问处生疑问，有疑问处释疑问，甚至在释疑之后再生疑问，推动了学生的思维螺旋式上升、波浪式前进。这正是课堂追问在引领学生生疑——释疑上所发挥的巨大作用。

同时，我也在尝试探讨如何让学生由目前课堂上的"被追问者"变成"主动追问者"，实行角色转换，达到追问的最高境界，实现能力的大踏步提升。

随着教学中的思考和实践，我深深感受到了"工欲善其事，必先利其器"。就如同匠人对自己的"手中工具"必须了如指掌一样，"吃透教材"，为教师"怎么教"奠定了基础，是高效课堂的重要保障。"怎么教"则要教师根据自身特点结合学生实际情况，选择适合的教法——适合的教法就是最好的教法。当教师把自己"吃透教材"过程中的感悟，分享给学生时，就成了"现身说法"的学法指导。师生间产生的"同频共振"能把"学"和"习"效果最大化。

卢梭说："教育的艺术是使学生喜欢你所教的东西。"在教育教学的过程中，无论我们运用哪种教材、教法，都要充分尊重教育规律及学生的认知水平和心理特点，让课堂真正成为学生彰显个性、幸福成长的天地。

我慢慢明白了，教育教学工作"没有最好，只有更好"。因此，我寻找教学密码的道路，永无止境。

第二节

探寻提能途径

2003 年，我送走了第四届毕业班后，迎来了新课程改革。

2003 年颁发的《普通高中历史课程标准（实验）》强调从行为主义到建构主义、从学科本位到综合取向、从知识本位到能力本位的三个变化。我深知，这些变化只有通过我们教师自己教育教学理念及举措的转变才能落实到位。该如何让学生在自主、合作、探究的学习方式中主动构建综合能力呢？

宋代大诗人苏轼的《琴师》写道："若言琴上有琴声，放在匣中何不鸣？若言声在指头上，何不于君指上听？"琴和弹琴的手指巧妙地合作演绎出了优美动听的琴声。我们的教学过程不也是如此吗！

教学是师生双方共同的活动过程，只有师生密切、和谐的配合，才能营造"曲水流觞"般平等、融洽、热烈的教育环境，才能打造出"高能效"的历史课堂。哪种弹琴的"指法"会有这种效果呢？我开始了新的尝试。

尝试分层教学

无意间，读到孔子的一则教育学生的故事：

孔子学生子路问老师："先生所教的仁义之道，我应该马上去实行吗？"

孔子说："你有父兄在，你应该先征求他们的意见。"过了一会儿，冉有来问："先生，我从您这里听到的那些仁义之道，就应该立即去实行吗？"孔子说："应该听到后就去实行。"站在一边的公西华糊涂了，不由得问孔子："先生！子路问是否闻而后行，先生说有父兄在，不可以马上就行。冉有问是否闻而后行，先生说应该闻而即行。我弄不明白，请教先生？"孔子说："冉有为人懦弱，所以要激励他的勇气。子路勇武过人，所以要中和他的暴性。"

看到这则故事，我脑海里马上闪现出 2003 年新课标的"从知识本位到能力本位"转换的新理念。我想，为不同特点的学生提供有针对性的引导和帮助，不就是从关注学生知识学习转变为关注学生能力培养的切入点吗？因此，我开始尝试使用"分层教学法"。

首先，我充分利用订阅的《中学历史教学参考》《历史学习》《历史研究》《上海教育》《人民教育》等期刊，提高自己的教学理论水平，学习了解先进教改理念。

同时，仔细观察刚接手的这个高二班级的每一名学生，分析他们的知识水平及学习品质及性格特点。

然后，我将全班学生分为三个层次：基础知识不扎实、能力和心理素质较弱的 A 层次（基础层次）13 人，基础知识扎实、能力和心理素质较弱的 B 层次（提高层次）20 人，基础知识扎实、能力很强、心理素质良好的 C 层次（特长层次）12 人。

我的教学方式：对于 A 层次的学生，低起点、走小步、重基础、多鼓励；对于 B 层次的学生，慢变化、多练习、重能力、勤反馈；对 C 层次的学生，多强化、重创造、促特长、求拔尖。

例如，在讲授人民教育出版社历史室编全日制普通高中教科书《中国古代史》第四章第一节"短暂的隋朝"时，我制定了针对全班同学的基本目标：统一、建设、灭亡的原因及影响。同时，围绕这这一基本目标，我对不同组别制定了不同层次的能力目标。对于 A 层次的学生：在抓基础的同时，侧重培养其分析、归纳、概括问题的能力——能够概述出基本信息；对于 B 层次的学生：侧重培养其阅读、理解历史材料及分析其中所反映的立场、观点并正确解释的能力——依据史料阐述翔实的信息；对于 C 层次的学生：在培养其阅读、理解材料能力的基础上，注重培养他们利用辩证唯物主义和历史唯物主义观点对一些重大历史事件或历史人物做出全面的、科学的分析和评价的能力——结合史料，阐述个人观点。三个层次的目标，难度各异，培养能力的侧重点也有所不同。

如何使每位学生在分层教学中都能充分、有效地利用课堂 45 分钟呢？

我采取了共性的问题全班讲解，个性问题分组教学的策略。为了达到分层教学的目标，我会适时适度地运用小组讨论。分别给予 A、B、C 三组能力和水平相适应的题目。

例如，A 组的同学讨论：隋炀帝的活动有哪些？哪些方面具有积极作用，哪些方面带有消极作用？ B 组的同学先阅读材料（胡曾的《汴水》、皮日休的《汴河怀古》），结合材料讨论：两则材料观点的异同点；结合课本所学内容谈谈如何评价隋炀帝。C 组的同学在理解上述两则材料的基础上讨论：如何评价隋炀帝？比较其与秦始皇的异同点。

课下作业：必做题——与教材相配套的、各层次的学生都必须掌握和运用的知识；选做题——三个层次三种作业。A 层次组：做补缺补差题，如"试用史实说明隋朝对后世的影响"。B 层次组：做综合归纳题，如"隋王朝的特点是什么？为什么说隋朝是一个继往开来的朝代？"C 层次组：做能力提高题，如"比较秦与隋两朝的相似之处"。

课外辅导：我侧重 A 层次的学生，做到"既辅又导"。例如，A 层次组有几位同学对隋朝统一的原因理解不清晰，我把他们聚一起"调音准"；B、C 层次的学生，我大胆放手，让他们"自导自演"。

在教学实践中，我定期对学生的层次进行调整，这样既能激发 A、B 层次的学生主动地向高一层次的目标努力，同时对 C 层次的学生也起到促进作用。

我操作的原则：在分层教学实施过程中，只分层组，不提等级；只谈题目不同，不提难度不同；组次调换时，只谈新思维碰撞，不提进步与退步；设置"选做题"，只说"有感兴趣"的同学做。这样使全体同学能快乐地共同提高，同时，还增大了课堂教学容量，提高了课堂效率。

层次教学法的实践，也为日后我走上管理岗位有效采取分层教学的管理模式奠定了基础。

践行问题探究式教学

钱基博先生说："读史之大病，在记忆史实，而不深究其所以。"

探究的过程是思考、解剖、认识历史的过程，也是发现世界，培养创新能力、提升自我的过程。

我们国家正在步入一个以知识创新为基本特征的知识经济时代。"学会学习""学会创造""学会合作"是时代的需要，是学生个人发展的需要，是落实历史新课标的需要。这就是我尝试"问题探究式教学法"的初衷。

问题探究式教学，是围绕学生提出的问题，老师整理提炼之后以讨论的形式，找出解决问题的方法或答案的教学方法。它既重视学生在学习中主体作用的体现，又注重教师主导作用的发挥。

我非常喜欢列夫·托尔斯泰的话："与人交谈一次，往往比多年闭门劳作更能启发心智。思想必定是在与人交往中产生，而在孤独中进行加工和表达。"

我觉得，问题探究法为学生提出问题、分析问题、解决问题、分享成果提供了平台。为此，我探索尝试了这种教学法，取得了比较好的效果。

首先，在自学预习的过程中，学生发现并记录那些经思考依然困惑不解的问题。

接下来，我收集、归纳、整理问题，并做好教学预案。

例如，教授人民教育出版社历史室编全日制普通高中教科书《世界近代现代史》上册中"启蒙运动"一节，我让学生提出问题：启蒙运动是在怎样的历史背景下产生的？它的影响有哪些？启蒙运动兴起和扩展为什么不是同一地区？启蒙运动的代表人物的主张有些混淆。根据学生提出的问题，我整理归纳为启蒙运动产生的背景是什么？有哪些核心内容？代表人物的主张、特点各是什么？启蒙运动产生了那些影响？请试着比较启蒙思想家主张的异同？请试着比较启蒙运动与文艺复兴、中国维新思想与资产阶级革命思想的异同？

然后，我打破传统教学中信息单向传递的模式，把教室座位根据需要布置成对应式，这使得教师的主导作用和学生的主体作用以一种新的形式表现出来，有利于信息呈双向型或多向型的交流。

课堂上，我按题目难易程度，把问题分给不同的层组。问题一给基础知识较弱、能力较低的 A 组；问题二给基础知识较好、能力较弱的 B 组；问题 3 分给基础知识扎实、能力较强的 C 组。

通过小组讨论研究，达成共识，再将未得到解决的问题进行归纳整理，小组成员轮流总结发言。

在全班讨论过程中，我把控方向，会择机引导、点拨，解决那些"疑难杂症"。

讨论结束后，我针对重点、难点及讨论中存在问题进行精讲、精解。

同时，指导学生运用辩证唯物主义和历史唯物主义的基本理论与方法分析历史现象，认识历史发展规律，培养学生深层次思维能力，以保证教学目标的全面落实。如关于启蒙运动的兴起，引导学生运用生产力和生产关系、经济基础和上层建筑两对矛盾运动原理分析启蒙运动发生的必然性。

最后，根据练习反馈，适时调整补充。

在实施"自己提出的问题自己解决"这个问题探究教学法过程中，我尝试把"平叙法"改为"设问法"，以问题组织教学，启发学生思维，让学生进入角色，带着问题学习；把"直叙法"改为"倒叙法"，围绕结论或结果倒推分析，强化逆向思维的训练；把"严密推理法"改为"故露破绽法"，诱导学生发现问题而后不吐不快，养成勤动脑、多思考、善动口的习惯。通过诱导设疑、析疑解难，使学生于本不"疑"处有"疑"，唤起学生探知的兴趣。

我的感受：问题探究式教学法有利于发挥学生学习自主性、主动性、创造性，促进学生由智能型向创造型转化。通过运用分层次教学法及小组内合作探究培养了学生的团队协作精神。但是我也发现，这种方法需要教师有较强的敏感性和应急处置能力。比如，探究过程中出现跑题现象，要及时"修正航线"；对组员中那些或"沉默"或"高调"的学生，教师要机智妥善处理；探究出来的结果超出预期时，教师要灵活应对，确保问题的探究收到实效，确保每个学生都有收获。

探索活动实践课程

教育家杜威说："教育即生活、教育即生长、教育即社会。"为全面实施素质教育，培养学生创新精神和实践能力，转变学生的学习方式和教师的教学方式，教育部 2000 年 1 月颁布的《全日制普通高级中学课程计划（试验修订稿）》中增设了包括研究性学习在内的综合实践活动。它是指学生在教师指导下，从学习生活和社会生活中选择和确定研究专题，主动地获取知识、应用知识、解决问题的活动。

基于此，我带领历史教研组，根据地域特点和学生实际，确定了"武清，我可爱的家乡"为活动实践主题。逐步深入的调查，使学生认清历史学科（地域、环境、人物）的特点，树立研究历史尊重史实的科学意识，努力激发学生学习的兴趣，充分调动学生学习的积极性，广泛拓展学生的实践能力，激发学生热爱家乡的情感。

我们的选题过程：

"送给学生一根火柴头"——教师推荐主题。我们提前设计了一个主题目录，包括洋务运动、天津卫、武清——我可爱的家乡等近十个主题，让学生自由挑选。

"让学生擦出火花"——自己选题。学生根据自己的兴趣、爱好等，从我们推荐的目录中自由选题，然后自拟子课题。本次四个子课题分别为：武清区的由来，武清的文化亮点——杨村一中，运河的古今，武清的名人——

杜建时。然后，根据学生的意向进行分组、确定主题。

"让学生点燃成功的火炬"——启动实践。主题确立之后，确定了组员、选举了各小组的组长、聘请了指导教师，并且开会讨论了实践课的时间、活动内容安排等等，为活动实践做好前期的准备工作。

活动实践过程：

"武清的由来"主题组走访了区档案局、区政府，从文化馆、档案馆查阅了大量历史资料，并对《武清县志》的编者——张士泽老人进行采访。对武清的历史发展过程有了系统的了解。

"武清的文化亮点——杨村一中"主题组的成员们在活动中分别采访了一中的老校长、老教师和学校档案管理人员，搜集整理了大量珍贵的资料，最终制作成视频。

"运河的古今"主题组的成员多次到运河进行实地考察，还走访了区文化局、水利局等机关单位，查阅了大量有关运河的资料。

"武清的名人——杜建时"主题组的成员走访了杜建时的家人和他的同学、同乡，并到区档案馆、图书馆、政协和统战部进行采访，搜集到杜建时的《回忆录》、杜建时堂兄的《回忆录》及《杜建时简介》《天津历史》和杜宝江在政协会议上的发言稿、杜建时逝世时的讣告等大量的珍贵资料。

之后，我们指导学生把搜集到的资料分类整理，去粗取精，最后写出历史实践报告。

这次实践活动既让学生感到新奇，也使他们获得了课堂上所没有的实践体检。学生的学习热情、潜能、活动能力等都得到充分的激发。尤其那些平时貌似"默默无闻"的学生，在实践活动学习中表现出了超强沟通能力、动手能力、组织协调能力。这些活动让我们重新思考我们的教学，重新认识我们的学生。

我的感受：在探究问题的过程中，学生们加强了与人沟通和交往，磨炼了意志品质，增强了勇于克服困难和不断追求进取的精神。社会实践和调查活动，使学生对家乡和社会有了更深入的了解，培养了学生热爱家乡的情感，激发了学生报效故土、回馈桑梓的热情有利于学生形成积极的人生态度。此外，这些社会实践活动，密切了师生之间的关系，这是值得充分利用的教学手段。

挑战网络教学

网络信息技术的崛起，给传统教育带来了巨大的冲击，给现代教育注入了新的生命。这对于我们教师而言，既是挑战又是机遇。

我依然清晰地记得，多年前参加天津市级双优课比赛时，我幸运地获得使用学校唯一多媒体教室"使用权"时，我的兴奋、惶恐和尴尬。

如何让历史教学从传统教学模式的终点再度扬帆启航，让网络成为高效能教学的"助推器"呢？

美国数学家波莉亚说："学习任何知识的最佳途径是由自己去发现，因为这种发现理解最深，也最容易掌握其中的规律、性质和联系。"

我想，个性化自主学习是网络教学的灵魂，尤其从学生的角度来说，更是如此。个性化自主学习的实质就是发挥学生的主体性，挖掘学生潜能，培养学生的创新精神、实践能力及自律意识。

我以人民教育出版社历史室编全日制普通高中教科书高一历史《中国近现代史》下册"抗日救亡运动的新高涨"一节的网页教学软件设计为例，谈谈我网络教学的尝试。

在这一节的网页教学软件中，我设计有十个学习板块的内容：学习目标、学法指导、学习过程、学习笔记、建构体系、综合检测、拓展延伸、感悟历史、图片资料、轻松一刻等。这些板块成为我对学生有针对性的指导，培养他们个性化、自主学习能力的好助手。

本节内容我为学生选择了三段录像资料、28 幅有典型意义的历史图片资料以及相关的文字资料为必学内容，其余为选学内容。

分层学习目标：了解掌握主要史实；归纳历史事件；运用辩证唯物主义

和历史唯物主义观点分析此事件。

分层问题：如何理解华北事变使中日民族矛盾上升为主要矛盾？为什么说毛泽东的《论反对日本帝国主义的策略》的报告奠定了抗日民族统一战线的理论基础？西安事变为什么能和平解决？

作业要求：学习完以上内容之后，在"网上论坛"中对三个问题进行交流、讨论。观点要有依据，视角有新意。对你认同的观点可以补充，不赞同的观点陈述反对理由。提交一篇学习报告，字数不限。完成时间：本周内。

学生根据自己的实际情况，选择学习内容及次序。思考题的设计，环环相扣、层层深入，同学们在讨论中，产生的思想碰撞及个性化的语言表述、自主的时间把控、生生间的频繁互动，使每个学生既有个性张扬的机会，又有向同伴学习的机会，还有反思总结的机会。整个过程，我实时监控学习进度、学习质量，遇有问题适时适度提醒、解决。学习情况分析、学生评价及学习报告反馈表明，这一节网络课的学习效果很好。

我的感受：网络教学为学生的个性化发展与成长提供了多彩又高效的平台。这意味教师的作用由知识传递者转变为学生学习的提供者、引领者和支持者。我们必须学习更先进的技术，更前沿的知识，更创新的理念，更灵活的教育教学手段，才能不负我们的责任，不负这个时代。

正如叶圣陶先生所说："教师之为教，不在全盘授予，而在相机诱导。"我体会到，无论哪种教学方式或方法，只要能引导学生自己去发现、去学习，最终达到提高他们自身学习能力的目的，养成终身学习的好品质，就是我要追寻的最佳教学方法。

第三节

涵养家国情怀

我至今仍记得上大学时一位老教授讲的话："研究历史的现实意义在于，其一，'彰往而知来'；其二，'君自故乡来，应知故乡事'。作为历史教师，通过我们的教学活动，使学生懂得珍惜，爱国、爱家、爱生活，这是我们的责任。"这句话引领我迈出作为历史教师"家国情怀"教学的第一步。

《普通高中历史课程标准（2017年版）》提到的五大核心素养中，最具人文特色、最能贴近人性的，便是家国情怀，它是历史学科核心素养中的核心价值观。家国情怀深深植根于民族血脉，是中华优秀传统文化的核心理念之一，是中华儿女国家认同、民族认同、文化认同的情感基础，也是实现中华民族伟大复兴的精神动力。

2018年5月2日，习近平总书记在北京大学师生座谈会上说："爱国，是人世间最深层、最持久的情感，是一个人立德之源、立功之本。"对学生进行"家国情怀"教育成为国家赋予我们教师的责任和使命。

我教育教学成长的三十年，恰好是我国改革开放进一步深入、经济科技各个领域迅速发展的三十年。我亲历了我们国家发生的翻天覆地的变化，我有信心和责任讲好国家的发展史，以此涵养同学们的"家国情怀"。

莫言下岭便无难

习近平总书记在学习贯彻党的十九大精神研讨班开班式上的重要讲话中强调："中华民族不仅历史悠久，而且铸就了绵延几千年发展至今的中华文明，为人类文明进步做出了不可磨灭的贡献。勤劳智慧的中国人民在创造辉煌与历经苦难的漫长历史岁月中，积淀了深沉的忧患意识。"

如何在弘扬伟大成就的同时，把中华民族的"忧患意识"在历史教学中体现出来呢？我反复研究教材和各种资料，设法为避免枯燥乏味的说教找好切入点。

例题1：讲鸦片战争、第二次鸦片战争、甲午中日战争、八国联军侵华战争、抗日战争等内容时，同学们内心愤怒无比，共识是"落后就要挨打"。

这时我因势利导提出讨论问题：学习中国近代屈辱史你有什么感受和启发？

有学生说："近代中国的屈辱史，我们要永远牢记。"还有同学说："既然落后就要挨打，我们就要努力发展成为世界强国。我们要努力学习，为国家的强大尽一份力。"又有同学说："我们要有居安思危的忧患意识，让屈辱史不再重演，维护国家安全是我们每个人的责任。"

例题2：在讲到改革开放取得的巨大成就时，我引用了大量的数据，说明国民经济快速发展，综合国力大大增强，人民生活显著改善。这时，我提问，我们国家各个领域迅速发展，你在的生活中有哪些切身感受？学生们抢着列举自己亲身体验到的变化，自豪兴奋之情溢于言表。

这时，我引用宋代诗人杨万里的诗"莫言下岭便无难，赚得行人错喜欢，正入万山圈子里，一山放出一山拦"，问道："在我们国家四十多年的改革开放，取得巨大成就的今天，读这首诗你有什么感受？"学生们一下子冷静了。有同学说："我们不能沉溺于所谓'盛世心态'，而淡薄了危机感和忧患意识。"还有同学说："我们距离世界强国还有很远的路要走。我们国家仍然是发展中国家，我们的经济发展还存在不少问题和困难，要保持头脑清醒。"此时，我利用追问技巧，问道："在大家看来，我们还有哪些比较突出的问题，亟待解决？"有的说："环境污染严重，偏远农村比较落后。"还有的说："很多高科技领域受制于人。"我继续追问："面对这些问题，我们该怎么做？"话音刚落，他们齐声喊道"努力！"

他们领会了老师的意图，相信他们一定能担当起国家和民族崛起的重任。

例题 3：在学习人教版必修二第八单元"世界经济的全球化趋势"时，我补充了如下资料："随着经济全球化进程的加快，国际分工日益明显，在国际分工这一链条上，在产品研发、零件生产、组装、市场销售和售后服务这一系列环节中，中国处于最低的环节。我国是世界上最大的服装生产和出口国，每年服装出口总额约占全球服装贸易总额的四分之一，但自有品牌的占有率不超过 10%。因为缺乏面料开发、品种款式的设计能力和国际市场营销的渠道，企业只能接单、缝制和加工，得到很少的加工费。如中国生产的服装在国外市场上售价 100 美元，我国企业一般只得到 5 ~ 7 美元，其余都落入外国商标所有者、服装设计公司和经销商的腰包。"

看着惊诧不已的学生，我问道："读完这段文字，你有何感想？如何改变这种现状？"一位同学说："要想转变我们在经济全球化进程中的不利地位，就要有开阔的视野，着眼于研究世界先进技术。"另一位同学说："提高企业在全球化市场中的竞争力，就要全力打造精品。"还有同学说，"要想在经济全球化竞争中取得优势地位，必须有可持续发展的理念。"我继续问："这些未来的改变，谁来做？"同学们异口同声地说："我们！"

这样的忧患意识教育，不但没有丝毫影响同学们的民族自豪感，反而增加了同学们的责任感和使命感。

习近平总书记曾在省部级专题研讨班上的重要讲话提出："彩虹与风雨共生，机遇与挑战并存，这是亘古不变的辩证法则。"

"不畏浮云遮望眼，乱云飞渡仍从容。"时代需要忧患意识才能发展，社会需要忧患意识才能进步。历史教学中渗透忧患意识，才能培养出为更强

大的祖国、为更美好的生活努力奋斗的学生。我愿意把这份爱国情结教育渗透到我日常的一点一滴的工作中。

触摸历史的温度

一次，跟一位当时在英国工作的朋友微信聊天。朋友说，有一天她正走过一片森林，看到有工人在伐两棵枯死的古树，数数有三百多个年轮……

我的内心一下子被触动了。这些古树，在它们历经的岁月中经历了多少雨雪风霜？见证了怎样的世事变迁？我想，如果组织一次"发现身边的历史"的探究实践活动，让学生从搜集生活中的老物件开始，追踪家族历史的传承，体会老物件中孕育的文化，感受社会的变迁，这会是非常好的"家国情怀"教育。

说干就干。我马上联系历史组的同事们，很快制定了以"发现身边的历史之小物件大变迁"为主题的活动计划。

通过一个假期的搜集寻找、归类整理的工作之后，同学们带来了大量的令我们唏嘘、感动的历史物件。

收集物品种类繁多，年代各异，每一份珍藏背后都有一个感人的故事。

证书类：毕业证、职业证、土地证、房产证、结婚证、学生证、奖状等。

票券类：邮票、粮票、布票、车船票、饭票、电影票等。

钱币类：铜钱、银锭、纸币、硬币、纪念币等。

徽章类：毛主席像章、重大活动纪念章、校徽、军功章等。

印刷品：书籍、照片、广告、日历、挂历、月份牌等。

生活类：服装、文具、首饰、茶具、木椎、灯盏、匠人工具等。

选取其中两张珍贵的图片，具体如下：

一张老照片

据爷爷说这是1959.4.14毛主席到我的老家豆庄村视察小麦时照下的照片，而照片中蹲下抬麦子妇女正是我爷爷的母亲，也就是我的老太太刘瑞华女士。据说那个时候我的老家的名字还叫'豆张庄公社'，而1959年这个时间正是我国历史上的人民公社化运动时期，毛主席会到各村视察庄稼生长收割情况，恰好我的老太太在田里收麦子，很荣幸和毛主席留下了一张照片。我的老家为了纪念毛主席的到来，还曾将'豆张庄公社'改为'414公社'。上面这张照片便是当时留下的原版照片，一直在我的老家保留着。

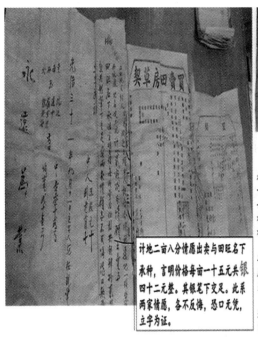

计地二百八分情愿出卖与田旺名下承种，言明价格每亩一十五元共银四十二元整。其银笔下交足。此系两家情愿，各不反悔，恐口无凭，立字为证。

一百多年前的地契　　　　毛泽东走进人民群众

独特的物件所收藏的，是记忆、温暖、情结、情感；是一个家庭特定历史时期生活的真实写照；它是对普罗大众曾经的日常无声地叙述；它是昨天、今天、明天的忠实守候；它是文化在历史长河中的珍贵沉淀。

这堂课由工作室的张迎晓老师在天津市高中历史特色课程建设活动中执教，课堂设置了一道思考题：参观老物件的同时，请大家思考"变与不变"的内涵是什么。

来看看同学们的感受：

结婚证外貌在变，不变的是人民对婚姻爱情的美好追求；

生产形式在变，不变的是科技创新的时代追求；

生活中物件在变，不变的是人们对美好生活的向往；

时代在变，不变的是党和国家为人民谋幸福的初心和使命；

……

活动总结过程中，一位同学发言说："我们的祖辈、父辈见证了新中国从站起来到富起来的变化，而我辈将亲历祖国强起来重回世界之巅的伟大征程。不忘来路，方知前路，属于老物件的时代过去了，可它留给我们后人的历史记忆、民族精神将永远激励我们去构筑新的历史。"

另一位同学说："历史源自生活，存在于生活的点滴。正是一个个老物件赋予历史以温度。老物件历经时代洪流的冲刷，或许面目全非，但不变的是其中承载的艰苦奋斗、自力更生的时代精神。我们很荣幸身处盛世，亲历了祖国的不断前进与繁盛。作为新时代的青年，我们愿意守护历史，守护文明，留住老物件，留住历史的温度，传承优秀的民族精神，积极融入时代洪流，创造历史，创造未来，助力中华腾飞世界。"

我和听课的老师们被学生们的发言深深地感动了。

最后总结时，张老师说道："上课铃声在变，不变的是一届届学子爱国、爱家、爱学习、爱拼搏的精神。"

通过这次活动，这些老物件被赋予了新时代的内涵。学生们懂得了珍惜，知道了珍惜的价值，明白了该如何珍惜。

远山的呼唤

2020 年是我国脱贫攻坚年。为贯彻落实中共中央、国务院关于打赢脱贫攻坚战的决策部署，按照教育部党组安排，加大对"三区三州"之一的云南省怒江傈僳族自治州教育帮扶力度。在师资力量紧张的情况下，我和校领导商定后决定选派我工作室两名骨干成员参加这次帮扶活动。

王超老师与天和城实验中学马强老师是一对夫妻，当两位老师申请去支教时，我很是意外。

他们 7 岁的女儿怎么办？家里的老人同意吗？可是看着他们坚毅的神情，听着他们冷静的安排，我知道他们是认真的。他们的"家国情怀"令我动容。

在两地教育部门的大力协助下，这对小夫妻带着他们年仅 7 岁的女儿，带着他们的"家国情怀"，带着对教育事业的满腔热爱，带着历史教学的精湛技能，带着所有武清区教育系统同仁们的真诚祝福和期望，踏上了千里之外的"支教"之路。

到到达工作地点后，他们克服了很多预料不到的生活及环境困难，深入了解当地教育现状，寻找展开工作的切入点。针对在当地学生的实际情况，充分利用当地的资源，他们把涵养学生"家国情怀"作为教学中的重要内容。

于是，他们做的第一件事就是：用地方史唤醒"家"的自豪。

在泸水市第一中学的第一课"明至清中叶的经济与文化"是关于"徐霞客游记"的教学。王超老师设计了一个小活动：推广我的家乡。

首先，利用地图和史料，让学生们尝试找到徐霞客在云南的路线。当看到熟悉的地名时孩子们很是兴奋。然后，让孩子们想一想，徐霞客一路会遇到什么样的困难和看到什么样的景色。因为有些地方就是学生的家乡，当描述起家乡的景色和困难的时候，他们头头是道。接下来，老师让孩子们说说徐霞客有什么样的精神。最后，老师总结："徐霞客曾经经历的很多困难，今天的很多同学也曾经历过，如果我们也能动笔将经历过的、看到的都记录下来，也会是一件非常有意义的事情。虽然我们年龄小，但是在推广家乡这件事上，我们能做很多。"

这些乡土资源离学生很近，学生学起来有亲切感，提高了学生们的学习兴趣。这样的一个小活动产生了强烈的感染效果，学生们认识到了自己生活的这块土地自古就人杰地灵。这增强了他们的自豪感，激发了他们热爱家乡的感情。

接下来他们做了第二件事：用地方史唤醒对"国"的认同感。

讲"全民族浴血奋战与抗日战争的胜利"时，王老师让学生们在自己的家乡找到抗日战争的历史。例如，仅花费了九个月，被国际友人称之为"第二个万里长城一样的奇迹"的滇缅公路修建；李根源先生的《告滇西父老书》；临危受命的腾冲市抗日县长张问德；滇西义勇军；七十八岁仍率兵抗日的怒江土司；驼峰航线；一生驻守怒江东岸的裴海清老兵……当一个个鲜活的故事由学生自己讲述的时候，一个个中国人绝不屈服日寇的铮铮铁骨形

象便在他们的心里扎了根。

从家乡的遗存、遗迹和历史人物的学习中感悟到爱国主义精神，传承家乡的优良传统，缩短了历史知识与现实的距离，让学生更能感悟到生活中的历史和革命精神。这有助于学生成长为一个健全的人，成为为国家、社会、家乡做贡献的人，也有助于当地教师精神层面的成长。

他们教当地学生学说普通话；把出发时携带的儿童读物、图书资料捐给当地学校；用女儿的零花钱和他们自己的工资买了一批图书捐给当地小学；一起去家访……

从支教老师的经历中我深刻认识到，每个人都可以是"家国情怀"的传播者。要实现教学中涵养"家国情怀"的目标，我们自己首先要有"爱国情、强国志、报国行"，并身体力行地将这种感情融入自己的教育行为和教学行动中去，从而起到"润物细无声"的教育效果。

因为心没有距离，再远的天涯都是咫尺。因为心中有担当，再高的山都是坦途。这就是"家国情怀"的力量！

第四节

注入教学灵魂

从教多年，我一直在思考并探索"历史教育的真正意义是什么？"不同阶段，我有不同的理解。

最初，我以为学生在考试中能得高分，考入理想大学，就是高中历史教学的意义。

后来，学生们按着我教的方法分析教材、阅读史料、解答问题，并能够积极思考并提出问题，我以为学生掌握了自学的方法，具备了终身学习的能力，便是历史教学的价值。

然而，当我成为"教育部名师领航工程"成员之后，叶小兵教授、杨朝晖教授高屋建瓴的理念，来自全国各地的同行们各显神通的妙招，让我有如沐春风、如遇甘霖的欣喜，有自愧弗如的反思，有不甘居人后的动力。有杰出的导师们引路、有优秀的同行们陪伴，我有了勇气整理行囊，重新上路。

我开始深入思考，历史教育的真正意义到底是什么？

司马光的《资治通鉴》里说，历史是"叙国家之盛衰，著生民之休戚。鉴前世之兴衰，考当今之得失"。

那么"教育"又是什么呢？

我专门查了《说文解字》。其释义为："教，上所施，下所效也。从孝，从支。""从孝，从支"指践行孝道并形成一种文化加以传承。"育"字篆书的上方，从倒"子"，正谓不善者可使作善也，即养子使作善也。可见，古代教育的目标是"孝"和"善"。即教人做人，要求人们加强个人道德修养，保持一颗向善之心。这与我国现行历史教学的目标有着高度一致性。

《普通高中历史课程标准（2017年版）》要求我们历史教师要"发挥历史课程立德树人的教育功能，使学生能够从历史的角度关心国家的命运，关注世界的发展"。历史教学在教授学生知识、方法、基本技能外，更重要的是在"立德树人"目标的指导下，深入挖掘历史教育中有价值的教学内容，以此来锻造学生过硬的思想与培养他们健全崇高的品格。

我想，这就是历史教育的价值和真正目的，这就是历史教学的灵魂所在。

针对"灵魂"的解释，孔颖达疏："……附形之灵为魄，附气之神为魂也。……附所气之神者，谓精神性识渐有所知，此则附气之神也。"可见，灵魂是精神层面的东西。有灵魂的课堂才能够形成一种深刻的力量，才能影响学生的人生方向，引领学生思想和精神向更高境界迈进。

德国哲学家雅斯贝尔斯在《什么是教育？》中写道：教育的本质意味着，一个灵魂唤醒另一个灵魂。

只有当课堂有了"灵魂"，才能培养学生形成正确的价值观、高尚的道德情操和健全人格。如果说知识、技能、方法能帮助学生起飞的话，那么价值观、道德观、人格引导，则能助学生在人生成长路上飞得更高、更远。

该如何让我的课堂"内外兼修"拥有"灵魂"？无意中看到朋友手腕上的玉镯，我陷入了深思。人常说"玉不琢不成器"，玉石需要精心打磨、用心雕琢，还需要人气的长久浸润，才能慢慢退去石性，透出温润和温度。能够启迪学生的心灵，有灵魂的课堂应该正如这玉石一样，需要"匠人"怀揣"匠心"精雕细琢。

打开电视，屏幕上正在在播放"中国诗词大会"。我一下子来了灵感。

我决定从毛泽东的诗词入手。

穿越时空的对话

诗歌,是史料的一种特殊形式。特定作者、特定时期的诗歌可成为史料素材、事件背景铺垫、情境创设、问题设置、思维启发的有效载体。它有助于培养学生的历史思维能力,激发学生的爱国情怀,实现价值观的教育。

在复习课中,我尝试设计了"毛泽东诗词与中国革命史"专题。从1925年秋天的《沁园春·长沙》到1927年9月《西江月·秋收起义》,再到1928年秋《西江月·井冈山》;从1929年秋《清平乐·蒋桂战争》到1931年春《渔家傲·反第一次大围剿》;从1935年10月的《七律·长征》,到1949年4月的《七律·人民解放军占领南京》等。

这节课的最后一个思考讨论题是这样设计的:从这组伟人的诗词,你读出了哪些信息?

有同学回答:"这是一条从革命开始到革命成功的时间线。"

有同学说:"这是毛泽东从事革命活动的心理及情感变化线。"

还有同学说:"这是毛泽东以革命家的视角和诗人的语言诠释的社会变革,这是近现代革命的诗集形式的'日记'和'史记'。"

还有同学说:"毛泽东的这些诗词就是一部中国革命的壮丽史诗。他记录着中国革命的足迹,中国共产党成长的历程。"

还有一位同学说:"读这组词,我们仿佛在与毛泽东主席对话。我能感受到他在失败时的苍凉心境、在危急时的郁闷心情、在困难面前的坚定意志、在挫折中的乐观豪迈、在胜利后的讴歌赞美、在抒怀时的畅快淋漓。虽然时代发生了翻天覆地的变化,但毛泽东的崇高理想、思维方式、哲学观念、生活阅历、思想境界、人生情致、审美情趣及优秀品质,值得我们年轻的一代

细心品读。"

太出乎预料了！我惊讶地发现这些诗词不仅为学生串起了复习的知识链条，也在悄然地浸润着学生的心田。这些回答给我留下了非常深刻的印象，我整理记录在课后反思中。

这次尝试使我深有感触，于是我把这方法介绍给我们历史教研组和我工作室的年轻教师们，鼓励他们尝试，并与他们一起切磋如何把"灵魂"注入课堂中。

我工作室的王珊珊老师准备《新文化运动和马克思主义的传播》一节的研究课时，她设计了"文化转型——一本杂志树旗帜；道路转型——一条道路救中国；时代转型——一场革命新序曲"三个板块，介绍新文化运动对近代民主革命进程的重大影响。

看着本节内容，我仿佛感到那个时代热血沸腾的青年在黑暗中呐喊、抗争。在这场思想解放运动中，青年人将思考、勇气、斗争、创新精神，以及时代赋予他们的责任和担当做了完美的融合与诠释。运动的主体是青年，是有血有肉的新青年，我想从"青年"这个角度作为主线，应该更容易引起学生的共鸣吧。

于是，我建议王老师以"青年"为主线，从"青年的困惑、青年的觉醒、青年的精神"展开教学。

王老师采纳了我的建议。授课过程中，那些从教材中呼之欲出的青年们澎湃的热血和滚烫的体温，感染每一位在场的人。

教学的最后一个环节设计为"穿越时空的对话"：首先，阅读陈独秀在《敬告青年》中的一段话和习近平总书记在纪念五四运动 100 周年的部分讲话。

材料：青春如初春，如朝日，如百卉之萌动，如利刃之新发于硎，人生最宝贵之时期也。青年之于社会，犹新鲜活泼细胞之在身。

——陈独秀：《敬告青年》，《青年杂志》第 1 卷第 1 号，1915 年 9 月 15 日。

新时代中国青年要树立远大理想。

新时代中国青年要热爱伟大祖国。

新时代中国青年要担当时代责任。

新时代中国青年要勇于砥砺奋斗。

新时代中国青年要练就过硬本领。

新时代中国青年要锤炼品德修为。

——习近平主席在纪念五四运动 100 周年大会上的讲话

通过阅读材料思考讨论：新时代我们应该做怎样的青年？我们如何回复那个年代的"新青年"对民族救亡、祖国富强的期望呢？

通过问题思考，由邻座两人一组根据要求设计对话。

要求如下："一位新文化运动时期的新青年，穿越来到你们的历史课堂上与你对话。请为你们的交流写出台词（包括生活、学习、理想等）。"

看看学生们设计的台词：

当代青年：你好"新青年"！最近你在读什么书或者文章？

"新青年"：我最近读了鲁迅先生的《孔乙己》，深刻体会到中国落后之根本在于民众之愚昧，国欲独立，必先思想解放。虽然目前形势不乐观，但为了追求解放，创造新的世界，即使牺牲也在所不惜。你在读什么书呢？

当代青年：我在读陈平原教授的《"新文化"的崛起与流播》，从中真切体会到你们当年胸怀天下，以改造国家为己任的精神，真是我们的榜样。

"新青年"：我最近又读到了一篇名为《庶民的胜利》的文章，很是振奋人心，但不知今日之中国究竟如何？

当代青年：我可以自豪地告诉你，今日中国如你所愿。李大钊先生引入的马克思主义理论是完全正确的，在先生的基础上，我们已经开创了一条中国特色的社会主义道路，国家安宁，百姓富足，我们正在为实现中华民族伟大复兴中国梦而奋发努力！

"新青年"：真是太高兴了，吾辈夙愿已达成，历史的重任已经传递到你们肩上，望你们把国家建设的更强大。

当代青年：是你们的精神鼓舞了一代又一代中国青年为国奋斗，今日的我们一定不忘前辈们的嘱托，练就过硬的本领，锤炼高尚的品德，肩负起新的时代使命，让我们的青春闪闪发光。

这个环节就像是一场跨越时空的接力赛。相同的爱国情怀，在不同时期青年的心中延续着；相同的责任感和民族精神，以青年们的不同行为方式传递着。

让 20 世纪青年之精神激励今日之青年，启发今日之青年肩负起时代赋予他们的使命和担当！我想这就是这节课的灵魂所在吧。

从"钱"看世界

课堂上注入"灵魂"的尝试，使我认识到了只要教师有"匠心"，课堂就会有"灵魂"，而且历史课的灵魂无所不在。

在复习"经济全球化专题"内容时，我改变原来的"从世界市场的雏形开始出现至 20 世纪经济全球化"的传统教学思路，重新设计为"从货币的视角看中国与经济全球化"。以中国不同时代有关货币的材料为线索展开，通过一系列问题的设计将学生的目光引向同时期的世界经济，从而了解经济全球化所处的阶段、特征、以及当时中国经济在世界市场中的地位等。在授课的过程中，我出示材料：

明代中叶后，白银成为主要货币。据研究，16 世纪中期到 17 世纪中期，欧洲各国与中国的贸易以中国的丝绸为主角，被西方学者概括为"丝—银"

对流。中国通过"丝—银"贸易,获得了占世界产量 1/4 到 1/3 的白银,总量达到 7000 吨至 10000 吨。这种趋势一直持续到 18 世纪末。

——《2009 年普通高等学校招生全国统一考试文科综合能力测试(北京卷)》

上述材料引自北京高考卷,但是我没有将原有的设问照搬,而是根据专题的需要进行了重新设问:推动欧洲各国与中国"丝—银"贸易出现的重大历史事件是什么?请从全球化的角度阐述该历史事件的意义。此时中国在世界市场中处于什么地位并说明理由。

这样设问主要是为了引导学生从中国明代白银流入联系到经济全球化的发端——世界市场的雏形开始出现,中国与世界相联系,帮助学生养成在世界视角下看中国的思维习惯,使学生通过思考问题、解决问题,深刻理解同一时期经济全球化对中国货币、对中国经济的影响。此专题复习中,我始终贯穿着三条线索:中国货币流通演变、经济全球化各个阶段发展特征、中国与经济全球化的关系。问题的设计,不仅将这三条线索自然地融合在一起,同时还将微观、中观、宏观内容巧妙地结合,既巩固了基础知识,又培养了学生的时空观念、史料实证、家国情怀等核心素养。

之所以进行这样的课堂设计,一方面为了通过复习中国不同时期货币流通变化、以及其与世界经济的联系和在世界经济中的地位,让学生清醒地认识到,中国的发展离不开世界,世界的发展需要中国,培养学生养成站在全球化的视野下看中国的思维习惯,从而更透彻、更全面地认识中国的发展。另一方面,是要通过学生了解中国经济在经济全球化过程中由弱变强、由附庸到引领者的发展历程,使学生在产生自豪感的同时,能够意识到在新时代实现中国梦过程中自身的责任。

在问题情境创设下,学生们在"启示"这一教学环节讨论中,纷纷各抒己见:

学生 A 说："国家金融实力是一个国家综合国力的重要组成部分和重要体现，一个国家在全球经济体系中想要保持优势，与时俱进且完善的金融体系是必不可少的因素。"

学生 B 说："货币是经济流动的重要媒介，是一个国家经济能够充分流动的重要保证与维护国家安全的重要武器。保证币值稳定，积极参与货币国际化，不断发展综合国力，对提升本国货币国际地位有着重要意义。"

学生 C 说："拒绝故步自封，积极参与全球化，对于国家经济发展有着重要意义。"

学生 D 说："我国古代市场经济发达，我们在当前社会遇到的很多问题可以借鉴古代人做法，取其精华，发展有中国特色的现代货币与经济体系。"

学生 E 说："货币的样式反映了一个国家一段历史时期的面貌与特征，有助于我们了解不同历史阶段不同国家的政策、价值观及人民的生活，对于历史研究有着重要价值，同样对我们国家未来的发展有着重要的启示和指导作用。"

……

从每个学生的发言中，我感觉到了他们的世界观、价值观、人生观在悄然间慢慢成熟，科学的、理性的思维品质在逐步形成。我想，能够跳出自我，放眼世界，这对他们在未来的发展会有很大的帮助。这就是本节课的灵魂。

向天再借五百年

"沿着江山起起伏伏温柔的曲线，放马爱的中原、爱的北国和江南。面对冰刀雪剑、风雨多情的陪伴，珍惜苍天赐给我的金色的华年……"

伴随着课前播放的《向天再借五百年》气势磅礴的旋律，我开始了人教版高中历史选修 4 第一单元第三课的"统一多民族国家的捍卫者康熙帝"的授课。

我的过程设计：采用小组自主研究性学习法，从图书馆、网上收集资料。针对本课提出的问题进行整理、归纳、分析、总结。史论结合，小组代表展示成果。依据提前给出的标准，小组自评、互评打分。教师总结评价。

我制定的评价标准：陈述时，语言表述清晰，有条理。语调自信，表情自然。恰当运用身势语，有亲和力。史料运用得当，分析、总结合情合理。思维有创新，学习有感悟。（每项满分五分）

制定这五条标准，参考了我在澳大利亚学访、交流时学到的对学生课堂评价的标准，并充分结合我校学生实际，旨在培养学生历史思维能力和有效交际品质，提升学生的自我表达能力，为他们未来成长及发展奠定基础。

为了上好这节课，我做好充分课前准备：将本课中"康熙帝为巩固多民族国家统一采取的措施"分为几个小课题，各小组抓阄决定选题。小课题包括：智擒鳌拜；平定"三藩"之乱；统一台湾；三征噶尔丹；加强民族团结；抗击沙俄入侵，签订《尼布楚条约》。

上课过程：我以当时史学界两种对康熙帝的不同评价作为导入。

观点 1：称颂康熙是中国古代一位杰出的封建帝王。

观点 2：认为康熙帝有才无识，没有把握住历史的机遇，延误了历史的进程。所谓的"康乾盛世"只能说是落日的余晖。

你同意哪种观点？请结合选题，谈你的理由。

接下来，前三个组同学分别讲述智擒鳌拜；平定"三藩"之乱；统一台湾；三征噶尔丹。同学们的讲述有条理、有依据、有分析、有评价。同学们时不时地鼓掌喝彩。

我做了简短的板书总结之后，另外三组同学继续。

这三组同学的讲述不仅恰当地运用地图、录像及文字材料，还进行了准确的归纳，融入了自身的感受。

下一环节进入了各小组设问、请其他小组来回答的环节。根据各小组在课前预习时提出的问题，我概括为三个：康熙帝在推进统一多民族国家历史进程中有哪些主要功绩？如何评价康熙帝？比较秦始皇、唐太宗与康熙帝的异同点？

每个问题都由两个小组选出代表回答。由于他们在课前搜集了相关材料，对康熙帝捍卫多民族国家的措施有了深入的了解，在我的适时点拨下，顺利完成了这个教学环节。

在课堂上，我难掩心中的喜悦，带头鼓掌。虽然他们是在前期参考了各种资料的情况下提出的问题，但是这些问题的选择，证明他们在用心学习、用心做事、用心思考。这不就是我创设有灵魂的课堂期待的结果吗？

接下来，我又给出一道思考题：你认为康熙帝是以怎样的精神来巩固清朝统治的？这一教学环节的设计意图是帮助学生从康熙的勤奋好学、文治武功方面体会康熙积极进取的精神，从而确立积极进取的人生态度。通过归纳康熙在巩固和发展统一多民族国家方面所做的努力，促进学生形成对国家、民族的历史责任感和为实现祖国统一做贡献的理想信念。

同学们纷纷回答：目标明确，坚忍不拔；勤于政事，胆略超人；好学敏求，崇尚节俭；志向远大，睿智果敢。

然后，我总结道：或许大家会觉得几百年前的康熙帝，离我们很遥远，没有什么现实意义。然而，康熙帝为捍卫统一多民族国家的远大志向、为实现人生理想而进行的不懈努力、面对困难时百折不挠的坚定信念和勇于吃苦的精神，是我们每个想实现人生理想的人必须学习的优秀品质。一万年太久，向天再借五百年太虚，我们能做到的是只争朝夕。希望同学们面对成长中"冰刀学剑多情的陪伴"，能够"珍惜苍天赐给的金色年华"。

接着，进入最后一个环节，自评及小组打分。这是学生非常期待的环节。每个小组的得分都是大家共同努力的结果，是他们过去付出的收获，也是他们以后努力的动力。

这节自主探究课，以学生们优秀的表现和各组得到满意的评价结束了。

这次自评及互评标准的尝试，开启了为我历史教学注入培养学生实际生活能力及未来发展能力的灵魂之路。

作为这节课的设计者、引导者、参与者、旁观者，我不仅仅尝试了用新的"灵魂"注入途径，独具匠心的努力得到了回报，还欣赏到了学生们在有灵魂的课堂上用心灵跳的舞。

蓦然回首，那个曾经因为被历史系录取而试图想转系的我，早已安心并专注于历史教育教学三十年了。回首过往，有过彷徨，也有过困惑，但一直在前行。之所以在跌跌撞撞中能够坚持向前摸索，最吸引我的不是学生在高考中取得的高分，而是历史长河中那些可歌可泣的、感动着我和我的学生心灵的人和事。这些人和事就像一种召唤，指引着我们不断前行，让我们的灵魂走向高尚。

第五节

落地核心素养

《汉书·李寻传》中有这样一句话："马不伏枥，不可以驱道；士不素养，不可以重国。"可见，我国古人已把"素养"作为经常修习的涵养。

首都师范大学资深博导徐蓝教授说："核心素养，被认为是 21 世纪人才培养的 DNA，也是教育改革、课程开发与设计的 DNA。"

《普通高中历史课程标准（2017 年版）》中规定，历史课程要将培养和提高学生的历史学科素养作为目标，使学生通过历史学习逐步形成具有历史学科特征的必备品格和关键能力。

在核心素养的背景下，中学历史教学必然会发生重大的变化。参照新课标的要求，如何落地核心素养，我和工作室成员与众多的历史教师一样，开始积极研究时代赋予我们的新课题。

弄清概念，夯实基础

"工欲善其事，必先利其器。"只有把握好"核心素养"这柄利器，教学上才能得心应手，游刃有余。在教学实践中我认识到，透彻理解核心素养及相关概念的内涵，厘清概念之间的关系及了解他们之间的来龙去脉非常重要。这就同路线图对于旅游者的重要性一样。在以培养核心素养为目标的教学尝试中，我组织历史组的老师们讨论两组概念：

第一组是素质与素养，理解好这组概念，有助于教师从宏观上理解素质教育与核心素养的关系；第二组是核心素养与历史核心素养，理解好这组概念，有助于教师在教学设计中更好地挖掘素养的培养点。

在"核心素养"提出之前，我们一直提倡"素质教育"，那么"素质"和"素养"的含义分别是什么？为什么要提出核心素养呢？

关于"素质"的含义，林崇德教授在《21世纪学生发展核心素养研究》"序"中做了清晰的阐述：在素质教育中，"素质"对应的主体是"教育"，是相对于应试教育中的"应试"而提出的，主要是指人在先天的生理基础上，通过后天环境影响和教育训练所获得的内在的、相对稳定的、长期发挥作用的身心特征及其基本品质结构。

而"素养"对应的主体则是"人"或"学生"，主要是指教育过程中逐渐形成的知识、能力、态度等方面的综合表现。这里强调的是综合表现而不是单一某个方面的表现。它主要是强调了学生素养发展的跨学科性和整合性。从这一角度而言，核心素养是对素质教育内涵的解读与具体化，即素质教育下要培养什么样的人。我们要培养具有核心素养的人，社会也需要具备核心素养的人，这是当今全面深化教育改革的一个关键方面。

在素质教育阶段，2001年教育部颁布了《全日制义务教育历史课程标准》，2003年颁布了《普通高中历史课程标准》。在"课程目标"中，从"知识与能力""过程与方法""情感态度价值观"三个维度明确规定了学生通过历史学习应达到的目标。多年来，素质教育下的改革是有显著成效的，在课程设置和教学内容的选择上，它强调的是克服重知识、轻能力的弊端。所以在前面素质教育阶段，我们经常提"能力立意"。

老师们也能感受到，三维目标在教学设计中缺乏核心与层次，很多老师在具体的教学操作中往往找不到整合三维目标的有效途径，也有一些老师因追求教学成绩而在教学中忽略了对学生进行情感态度价值观的培养，以致欲速则不达。这样培养出来的学生往往存在着经不起挫折、社会适应能力不强等素养发展不全面的问题。这些现状与问题都迫切需要转变教育质量观念，进一步丰富素质教育内涵，深入推进素质教育改革。

"核心素养"是对素质教育内涵的解读和具体化。"核心素养"就是希望在高位的教育方针和具体的教育实践中，搭建一个具体化的桥梁，使教师能够把教育教学和核心素养相对照起来，从知识本位向学生素养发展本位转型，更好地落实"以人为本"的素质教育理念，进而促进我们党和国家教育方针的落实。

实际上，素质是素养的上位概念。柳夕浪老师曾提道："核心素养的提出，是着眼于素质的可塑性，建立中国儿童青少年发展核心素养体系，借以指导、规范教育教学改革，即走向素养导向的教育教学改革。"这成为新时期推进素质教育的重要突破口。

我们讨论的第二组概念是"核心素养"与"历史核心素养"。这两个概念之间的关系相对容易理解，老师们很快就掌握了。

试教试讲，躬身入局

陆游说："纸上得来终觉浅，绝知此事要躬行。"在 2018 年我承担了"中华文明起源与早期国家"一课的试讲工作。拿到试讲教材后，一种兴奋好奇的感觉涌上心头，这让我想起了上小学时，每到开学第一天拿到语文新书时，都不由自主地看目录，接着迫不及待地看第一课、第二课……仿佛要一口气把每一篇课文都读过来。此时的试讲教材与当年的语文书一样有魅力。

兴奋之余，我开始思考如何讲授新教材。在阅读、查找资料的基础上，我以"认识中华文明起源的多元性特点"和"了解中国早期国家特征"为教学重点，围绕着"远古寻踪——中华文明起源的时空探索"和"早期国家"两方面内容展开教学。在处理"中华文明起源的时空探索"这一内容时，我引导学生从遗物和文献两方面了解中华文明的起源。

为了培养高一新生良好的阅读教材习惯和观察力、概括力，我采用探究法进行教学。例如，探究中国旧石器时代的主要遗址有哪些？观察书上《中国旧石器时代重要人类遗址分布图》，指出我国早期人类分布的基本特点是什么。为了培养学生时空观念和史料分析能力，我以时空轴形式分析新石器时代前期和后期两个重要阶段文化遗址的典型代表，并引导学生结合遗址地域范围和课本《中国新石器时代文化遗存分布图》，分析得出中华文明具有多元性的结论。课堂上，我还充分利用山西临潼姜寨聚落遗址复原图，龙山文化黑陶图片，红山文化牛河梁遗址的祭坛、积石冢和女神庙图片，良渚古城城墙分布范围示意图等遗址、遗物图片介绍新石器时代晚期龙山文化、红山文化、良渚文化的发展特点和文明状况，以培养学生史料实证素养，并使学生通过对考古研究成就的了解，认识上古人类在建筑、手工业等方面取得的成就，了解其聪明智慧。

与旧教材相比，新教材内容多、容量大。这要求教师创造性地使用教材，把握课标要求、合理整合教材资源。我在"早期国家"这一内容的处理上，精选了"甲骨文"和"分封制"两块内容，把它们作为教学重点，通过中国国家博物馆的《利簋及铭文》图片进行讲解，引导学生认识早期国家形成的特征和在地方管理制度上的发展与进步。

通过试教试讲，我对新教材有了较早的了解，这促使我开始思考如何以唯物史观为指导，将中国历史从远古到当代的发展脉络更好地呈现给学生，更好地完成"立德树人"的根本任务。

以新带旧，落地生花

虽然我组织并参与了新教材的试教工作，但遗憾的是从 2019 年新教材使用至今，我依然在使用旧教材的年级任教。如何在旧教材复习中落实新课标的要求，我在教学中进行了积极的尝试。

一、围绕核心素养，精心设计教学目标

心理学家布鲁姆曾说："有效教学始于知道希望达到的目标是什么，这个目标不仅教师要知道，学生也要知道。"精心设计教学目标，是落实核心素养的基础。在复习"罗马法的起源和发展"一课时，我将教学目标设计如下：能够通过地图辨识古罗马的空间布局，能够描述出从罗马共和国时期到罗马帝国时期版图的变化情况，并能与中国的地理环境做对比，为理解为何中西方形成不同的文明做铺垫（突出时空观念）；能用典型史料深刻理解罗马法内容的演变及其评价（侧重史料实证）；能够诠释"习惯法""成文法""公民法""万民法""民法大全"等概念，能够阐释罗马法的历史作用、影响和局限性（侧重历史解释）；认识法律是上层建筑的一部分，它反映了社会的经济和政治状况，也是统治阶级意志的反映；既认识到罗马法对后世尤其是近代文明产生的重要影响，也认识到它的阶级和时代的局限性（突出唯物史观）；罗马法是通行于整个古代罗马世界的法律，对于维系和稳定庞大的罗马帝国的统治起到了重要的作用，对后世尤其是近代文明产生了重要的影响，如中国现行的《中华人民共和国民法通则》《中华人民共和国继承法》等；深入理解罗马法的历史沿革具有重要的现实意义（培养家国情怀）。

目标是基础，落实是关键。如何在课堂教学中渗透核心素养？

二、采用图示法，培养学生的时空观念

时空观念是历史学科核心素养的基础，也是高三历史复习中落实基础知识、培养各种能力的前提和基础。在复习开始，我注意引导和帮助学生养成良好的时空观念，尤其要关注教材中一些没有按照时间顺序表述的内容，在复习中打破教材叙述的顺序，利用时间轴强化学生对事件时序化的理解和掌握。例如，在普通高中课程标准实验教科书必修1《新中国的外交成就》一课，由于教材的叙述打破了时间顺序，学生容易把中华人民共和国在20世纪70年代取得的外交成就中几个事件顺序弄颠倒。针对这种情况，我在复习中

让学生动手将那时外交中的大事件按照先后顺序以时间轴的方式列出示意图来。（见下图）

1971年4月	7月	10月	1972年2月	9月	1979年1月
美国乒乓球队访华 毛泽东指示有关部门邀请	基辛格秘密访华	第26届联合国大会恢复中国在联合国的合法地位	尼克松访华，中美关系开始走向正常化	田中角荣访华，中日邦交正常化	中美两国正式建立外交关系

然后再引导学生依据时间轴上显示出的时间和事件，写出中国重返联合国、中美关系正常化、中日邦交正常化之间因果关系的一段话。

学生经过思考，得出这样的认识："乒乓外交"成为举世瞩目的重大事件，打开了中美两国人民友好往来的大门；接着，1971年7月，基辛格秘密访问中国，随后中美两国发表公告，宣布美国总统尼克松即将访华，这一公告震惊了世界，此举也为中国恢复联合国的合法席位创造了有利条件；同时，中国重返联合国也为中美关系走向正常化创造了条件；1972年尼克松访华，中美发表《中华人民共和国美利坚合众国联合公报》，中美两国关系开始走向正常化；中美关系的改善直接促进了中日建交；而历经7年后，中美也最终建交。

可见，有了准确的时间定位，才能基于这个时代展开分析，才能让自己站在时代的"绝顶"，一览众山小，得出不脱离历史实际情况的结论。通过这样的复习，学生提升了认识，起到了良好的复习效果。历史教材中有很多类似的内容，比如英国君主立宪制确立的过程、冷战阴影下的国际关系等都非常适合利用时间轴进行复习。

三、降低复习起点，落实唯物史观

为了帮助学生深入理解教材中蕴含的唯物史观，我常常降低复习的起点。我告诉学生，教材中无论是史实的选择、叙述，还是对因果关系的分析，无论是对事件、人物的评价还是对影响的分析，都是在唯物史观的指导下做出的。

用唯物史观复习历史，一个很大的优势是能把一定时期的政治、经济、思想文化等内容整合在一起，从而使高三历史复习既有广度，又有深度，还能提高高三复习的针对性和实效性。在实际教学中，学生理解唯物史观是相对容易的，运用唯物史观分析问题却是一个难点。

在一轮复习中，为了帮助学生更好地运用唯物史观分析、解决问题，我专门设计了一个"唯物史观"的小专题。先向学生介绍唯物史观的内涵及基本原理包括社会存在与社会意识、生产力与生产关系、经济基础与上层建筑的辩证关系等。然后，结合教材内容，将唯物史观的基本原理和方法与教材内容相结合，引导学生站在马克思主义唯物史观的立场上分析史实，得出正确的结论。例如"什么是生产力"，教师仅从理论上解释是不够的，还要以具体的实例来说明，学生才能透彻清楚地理解。以战国时期为例，劳动对象为土地，劳动资料表现为铁器、牛耕的推广，都江堰和郑国渠等水利工程的修建；劳动者方面表现为百家争鸣解放了思想，天文、历法等知识被劳动者掌握；科技方面表现为农耕、冶铁、煮盐等技术的进步。在此基础上，教师向学生介绍生产力与生产关系、经济基础与上层建筑的辩证关系。最后，引导学生运用这两对基本原理来理解奴隶制的瓦解、封建土地私有制的确立及封建专制主义中央集权制的形成。学生掌握了马克思主义的唯物史观，就掌握了打开历史之门的金钥匙。

四、利用教科书资源，培养学生史料实证素养

"观今宜鉴古，无古不成今。"史料是历史认识的基石，"论从史出"是

历史教学的基础。充分利用教科书资源，不仅有利于学生更加透彻深入地理解教学内容，还可以培养学生史料实证素养。

在复习中，我充分利用教科书中"学思之窗"和"历史纵横"的文字、图片等资料进行设问，将教科书资源转变成材料解析的题干。例如，在复习"'百家争鸣'和儒家思想的形成"一课时，我针对教科书中的"孔子讲学图"，提出了这样的问题：通过查阅资料找出这幅图的作者及所处年代，此图能反映出孔子的哪些历史贡献？图中反映的历史信息完全可信吗？请说出理由。这幅以孔子讲学为描绘内容的图属于哪类史料？抓住教材中的这些图片史料进行问题探究，既可以激发学生兴趣，又可以培养学生史料实证意识。

孔子曰："疑是思之始，学之端。"宋代著名学者陆九渊说："为学患无疑，疑则有进，小疑则小进，大疑则大进。"可见，质疑是学习过程中很重要的一种精神。我们不仅要用史料来证实教科书中的观点，还要善于用史料质疑教科书中的观点。"民主建设的曲折和发展"一课中有这样的表述："'文化大革命'期间，全国人民代表大会连续十年没有召开……"而事实上，在1975年也召开了第四届全国人民代表大会。不管教材是有意回避这段史实，还是无意出现的失误，教师在复习中要引导学生敢于面对权威，尊重事实，对史料进行整理和辨析。

五、适当补充背景资料，提升历史解释能力

"历史解释"作为学生建构历史的核心途径，既以时空观念、史料实证、历史理解等作为支撑，同时又是他们历史观、价值观与世界观的体现。因此在核心素养体系中处于一个关键的位置。历史教科书是体现国家意志、依据课程标准、符合学生认知特点的历史解释。但是，由于受篇幅的限制，教科书在内容的编排上概括的内容比较多，有些结论性的语言缺乏史实做支撑，这影响到了学生对教科书内容的理解。比如"古希腊的民主政治"一课，教材在叙述了梭伦改革的措施后，得出梭伦改革为雅典民主政治奠定了基础的结论。由于教材上没有介绍梭伦改革之前雅典民主政治的概况，这一内容的

缺失给学生理解结论带来困难。我在复习梭伦改革的背景时补充了梭伦改革前雅典贵族制的状况：

梭伦改革前雅典贵族制的状况

	立法机构	执政官	司法机构	公民的等级
梭伦改革前	贵族长老院	由贵族担任	贵族法庭	公民分为贵族和平民

这个表格可以帮助学生明白梭伦改革前雅典政治的突出特点是贵族政治，即贵族集体当政的国家体制。通过与梭伦改革内容对比，学生可以清晰地理解梭伦改革按照财产的多少划分社会等级，进一步打击了氏族制度的残余，从而奠定了雅典民主政治的基础。

随着对历史教学中核心素养的探索，我认识到，历史核心素养的培养，不仅考验了教师的水平与境界，更直接影响了学生进行长久学习的可持续能力。当我们的学生走向社会，历史核心素养能帮助他们站在历史时空下全面认知世界，运用事实说话做事，用发展的眼光看待问题，这种影响是受益终身的。

在历史教学中，我从最初的追分、提能到注入灵魂、关注素养，自己也在其中悟出了很多人生的道理，我的职业生涯也因此而丰富厚重。在此基础上，我将不断深化对教学的理解，在课堂的精神高度上发力，把灵魂深处的体会注入教学活动。

我记得读过这样一段话："师者，三尺讲台万丈空，桃花源里自耕农。磨剑十年图破壁，开怀一笑坐春风。桃李报我山河丽，我付桃李一片情。不为浮华遮望眼，愿为春泥化落红。"

它确实是我这么多年教育教学工作的感受和写照。

不喜"乱花迷人眼"，只愿"润物细无声"。作为"教育路上的追梦人"，我的脚步，越走越坚实了！

第四章 从参与到引领
——我的科研之行

　　我非常喜欢苏霍姆林斯基的一句话："如果你想让教师的劳动能给教师带来乐趣，使天天上课不至于变成一种单调乏味的义务，那你就应该引导每一位教师走上从事研究的这条幸福的道路上来。"这句话，给处于工作中单调乏味的我和老师们，指明了一条通往幸福的研究之路。

　　参与教科研工作，要占用时间、分散精力，给平时本就忙碌的老师们带来工作上的负担。有什么幸福可言呢？多年来参加教科研活动的经历让我感受到，教科研不是与教育教学活动割裂的，它恰恰是与教育教学活动相辅相成的，是相互融合的。因为教育科研活动依托于教育教学才能完成，而教育科研活动中的理论研究有助于提高教师的理论水平，更新教育观念，以科研带教研，以教研促教改，是教师提高自身素质的重要途径。

　　我很幸运，我就是参与教育科研活动的受益者，我就是在教科研这条幸福的道路上行走的人。

第一节

锻炼，从参与开始

您能带我参加吗

写到这里，不得不再次感叹环境对人成长的重要性。我在重点中学工作，经常看到一批优秀的骨干教师在申报课题。以自己当时的经验来讲，还不清楚老师们为什么申请课题、为什么要研究课题、怎样研究课题等。虽然当时不清楚课题是做什么、怎么做的，但是我知道只要向这些优秀的骨干教师学习，他们做什么自己就跟着做什么，一定是没错的，一定是有意义的。

想要完成一项课题，需要分工与合作。课题负责人要根据课题研究计划来分工、分任务，全体成员在课题负责人的带领下，通力合作，完成自己分得的一份任务，最终完成课题。由于参与课题的研究并非学校硬性规定，而是出于自愿，再加上参与课题研究就要承担一部分工作，增加工作量，于是有些老师便失去了参与课题的大好机会。

我的想法简单而积极，一点都不在乎参与课题是否会增加负担，相反唯恐这些骨干教师们由于我的年轻而不肯带我参加课题。看着这些优秀的骨干教师为申报课题忙碌着，我心里嘀咕着他们能不能把我纳入成员行列呢？与其心里嘀咕，不如向申报课题的老师直接表达一下自己的愿望吧！终于，我鼓起勇气，诚恳地向一位正在申报课题的骨干老师说："您能带我参加课题吗？"没有想象中的为难，这位老师爽快地答应了，微笑地对我说："好啊，一起来做！"

好，由我来干

我参与的第一个课题是 2003 全国规划重点课题"文科综合课程的学科交叉点研究"。这个课题的申请是在 2001 年教育部颁布《基本教育课程改革纲要（试行）》的大背景下进行的，当时高考的一项改革措施是历史、地理、政治三个学科的试题放在一张卷子上进行综合能力测试，满分为 150 分，考试时间为 120 分钟。测试中的部分试题包含跨学科交叉内容。这项课题的研究就是为了更好应对这次课改新形势。在课题负责人的带领下，我认真落实分配的任务，设计调查问卷并做调查结果分析；结合课题要研究的内容，及时积累在教育教学中发现的困惑和学生在学习中产生的问题；挤出时间学习相关教育教学理论方面的报刊书籍等。同时我也经常与学生交流，听取他们对综合考试的感受；与地理、政治老师沟通，交流学科教学交叉点的处理办法，思考如何利用学科交叉点进行综合学科的教学。在交流、思考、学习中，我及时地适应和解决了综合科考试下历史教学面对的新情况、新问题，也逐步有了在教科研中思考问题的意识。

忙忙碌碌中，时间总是过得很快，转眼课题到了结题阶段。结题报告十分重要，决定了课题能否顺利结题。当时，课题负责人因外出培训，没有时间写结题报告，想找一个稳妥的人执笔，第一个想到了我，说："这些天我正好外出培训，先由你来撰写结题报告吧！"我虽然感觉自己的能力低于别人对我的预期，但是我想被信任也有被信任的理由。我相信只要认真，只要下功夫，只要多请教，就一定能写出一个像样子的结题报告。于是，我毫不犹豫地说："好，由我来干。"

收集资料，反复琢磨结题报告的要求，向有经验的老教师请教写结题报告的思路……接着，就有了下晚自习回到家里的秉烛思考、慎重落笔，有了一次次的沟通请教，有了一遍一遍地打磨润色。经过一个多月的奋战，我撰写的第一个结题报告终于出炉了！课题负责人学习培训回来，看到报告非常满意，又略做修改。后来这个报告被收入全国教育科学"十五"规划重点课题研究成果《文科综合课程的研究与实践》一书中。在这个课题的研究中，我也被评为课题组重要成员。

在锻炼中成长

人生中遇到的很多第一次，印象是深刻的，感受是充盈的！

我第一次参与课题研究工作，在做人、做事、学习三方面有很深的感悟。

首先，做人，守诚信。

参与这个课题，是我主动向骨干教师申请的，我深知老教师答应一个没有任何教科研经验青年教师参与课题研究，是看中了我对教科研工作积极主动的态度。既然主动地申请参加课题，就要以积极承担任务的方式来回报课题负责人的信任，兑现自己的承诺。于是我用心地、认真地、尽最大努力地为课题组做一些能力所及的事。负责人交给我的任务，我不折不扣的完成；没交给我的任务，经常问问有没有需要我做的。就这样，在初次参与课题的过程中，我以认真、勤奋、积极的态度，赢得了大家的认可。

其次，做事，守规矩。

教育科研是一项科学性很强的工作，尊重客观事实、实事求是是做课题研究的一项规矩，它不允许有半点虚假和失误。记得在一次做调查问卷分析时，我不小心把其中一道关于学生对作业量满意度的调查结果看错行了，B项73%的满意率变成了21%。由于我的这一疏忽，整个课题组就要重新讨论有关作业量的问题。就在课题组将要召开讨论会议的那天早晨，我又把调查问卷的结果重新核实了一遍。当我核实到这一题时，感觉这题看错了，又不相信自己犯了这样低级的错误，于是又逐字逐句看了一遍，果真是错了！记得当时，我感觉轰的一声，头顿时大了。怎么办呢？如果告诉组长，组长是不是会认为我工作不认真呢？如果不告诉组长，那这一项的调查结果就是不真实的，就会影响课题研究的进度和方向，我的内心会愧疚一辈子。犹豫了一下，我镇定下来，拿着调查问卷的结果，向组长坦言自己由于疏忽，看错行了，导致调查结果分析出错了。事情远远没有自己想象的那么严重。组长不但没批评我，反而夸我仔细，弄得我满脸通红。但是在内心，我更坚定了一点：做事，要遵守规矩，要实事求是。

再次，学习，守初心。

通过参与这项课题的研究，我感受到教科研工作看似耽误了一些时间和精力，但是阅读学习、深入思考、分析调查问卷、撰写论文和结题报告，这些工作不仅有利于提高教科研能力，还有利于提高沟通、写作能力，更有利于提高教学水平。它能够让你站在更高的位置看待教学，看出教学中存在的问题、解决教学中存在的问题。

董卿在"朗读者"节目中说过："人的第一次往往需要勇气，但是第一次往往会有意想不到的收获，因为它是探索、是挑战、是机遇，如果人生有越多的第一次，也就意味着人生越丰富、越多彩。"第一次参与课题之后，我认识到当一个好老师并不是一件容易的事，在教育教学中还有我很多未知的领域需要探索，需要学习，需要提高。我有了处处留心皆问题的意识，有了每个问题都是科研契机的意识，逐步踏上了科研之路。

第二节

成熟，从负责开始

记得学校的一位老校长说过："我们在教科研过程中，不是为科研而科研，不是为论文而论文，教育科研恰恰是为了高效地解决存在已久、习焉不察的麻烦和问题。"在日常教育教学工作中，当我们存在困惑时，去阅读理论专著，去尝试改变，在干中想，在想中做，最后用文字把实践过程和心得反思写下来，就形成了教育科研成果。而带头做负责人，更是组织一群人去尝试做出改变，借助群体的力量走得更远。

我也"另起炉灶"啦

在2003年至2007年我参与了全国规划重点课题"文科综合课程学科交叉点的研究"、"文科新课程学习方式的研究"、中国教育学会"十一五"规划课题"提升文化理念，构建和谐校园的研究与实践"等几个课题的研究后，我的"胆子"开始大起来了。我留心发现教育教学中的问题，并尝试做出改变。

首先是教育方面的课题研究。2008年1月，我开始致力于"从行为管理提升到心灵管理"研究，并申报了天津市"十一五"规划课题。促使我进行这一方面思考的是当时班主任们忙碌而疲惫的现状。当时，班主任们每天被日常杂务包围着，每天都在忙忙碌碌，繁忙中没有时间思考班级管理的实效性。对于学生存在的各种各样的问题，班主任们大都以维持秩序为出发点和结点，而没有把问题当作促进青少年心理成熟、行为优化的契机。此问题循环往复下去，不利于提高教育教学效率和质量，不利于学生的身心成长。因此，我希望通过课题研究的方式，总结优秀班主任的经验，摆脱因循守旧的行为模式，做出一点改变。

《社会性动物》一书中指出："任何一项具体的行动都可以归因于依从、认同和内化。""内化"是"对社会影响最持久的反应，正是因为人们希望自己正确的动机是一种强大的而且可以自我支撑的力量，它才不需像依从那样依靠奖惩之类的力量的持续监督，也不需像认同那样要依靠对另一个人或者某个群体的持续敬重"。传统的"行为管理"的模式无法触及被教育者的内心，激发被教育者的潜能，促使其发挥自我教育的巨大能量。我们要想改变学生的行为，就要多注重现状诊断和问题反思，能够从"应付行为""经验行为"走向"探究行为""心灵管理"，从而提升实践品位与工作效果。

于是，大家一起拟定课题研究方案，明确各阶段的任务；通过听讲座、与专家座谈、成员间相互讨论、理论学习等方式提高对课题的认识；课题组全体成员共同研究、学习国内外先进教育管理理念和先进成果；邀请专家对课题进行开题论证；设计相关调查问卷，通过访谈、调查等方法了解目前班级管理中存在的问题，制定研究计划，确定课题的研究内容，论证研究内容的科学性、可行性，发表研究论文等等。

经过讨论，我们确定这项课题主要研究心灵管理的内涵及可行性，探讨由"简单划一"，"被动"、漠视学生个性的发展的"行为管理"向"心灵管理"的转变方法。正如詹姆森夫人在《冬天的学习和夏天的漫步》中所说："教育的真正目的是去栽培和养育我们心中神奇的种子，尽可能地发展上帝赋予我们的每一种潜能。"教育是心的唤醒，班主任从行为管理过渡到心灵管理，奏响学子心灵的华美乐章，心灵管理便成为班主任工作的灵魂。只有能够唤醒被教育者人格、心灵的教育，才能使心灵教育成为一种自然的针对生命本原的教育，成为符合"以人为本"的素质教育要求的教育管理模式，成为符合"面向全体学生""培养全面发展的学生"的教育原则的教育模式。以全面推进素质教育为出发点，使学校的活动都真正从"人"出发，"以学生为中心"，满足人的发展的多方面的要求，触及学生的心灵，使受教育者的创造潜力得以发挥。

论文落选，受挫

参与过课题研究的老师都清楚，写论文写书不等于搞科研，但教育科研最后的成果必然要通过写作来表达。论文如果能够获奖，是对科研成果的一种肯定。但出乎意料的是，在一次市级创新论文评选中，课题组的两位老师论文落选了。她们看到别的老师论文纷纷获奖，就找到我说，自己水平不够，论文落选了，给课题组"拽后腿"了，不想继续参加课题研究了。

我想，这种写论文受挫的感受不止这两位老师有。我对两位老师说："请你们思考几个点。一是本次参与论文评选人数较多，获奖比例小，是不是总有落选的；二是参与课题研究，感觉有没有收获；三是论文落选不是什么大事，谁年轻时都经历过论文被淘汰，这很正常。重要的是我们把一些问题想清楚了，继续完善一下，下次有机会继续参评，一定能获奖的。"就这样，两位年轻的老师又重新扬起了自信的风帆。后来，经过修改的论文果然获奖了。科研，不是写作水平高的人的专利，其实只要有问题意识，不断钻研，每个人都能形成自己实践与思考的结晶。这就是参与课题研究给人带来的成长与收获吧！

看看收获的果实

在此课题研究中，我们共收到课题组撰写的论文 32 篇。我的《心灵管理》等 3 篇论文也在国家级、市级论文评选中获奖。2011 年 1 月，课题结题论证通过，我主持的第一个课题顺利结题。

通过此项课题的研究实践活动，班主任们的教育理念得到了更新，对受教育者的认知模式发生了转变，能够从"学生是现实的人—动态的人—发展的人—有主体意识的人—可塑的人—社会需要的人"的角度来思考教育教学管理的方式方法。在实践中，通过心灵用语、心灵告白、心灵对话等方式走入学生心灵；从学生成长发展需要出发，拓宽并完善了活动的平台，开展了体育节、艺术节、创新节、读书节、社团等系列活动；从学生文化心理需求出发，创设了校园文化、楼道文化、教室文化、宿舍文化等系列文化活动，建构起了完整的"心灵管理"的理论体系和实践体系，逐渐实现从行为管理过渡到"心灵管理"。随着研究成果的转化和实践，老师们逐渐转变了传统的教育观念。在心灵管理模式下，一切教育教学活动既服从学生认知和身心规律，也服从于教师的身心规律，促使教师以饱满的精神、充沛的精力、健康和谐的心理走进班级，走进课堂。

很多人认为科研是一种"虚"的存在，但我们为何不摈弃形式主义，做一些真正促进教育改革的真课题呢？正如波兰教育家亚努什·科尔恰克所说："有些思想是要你自己在阵痛中去生产出来的，这样的思想才最宝贵。"此次课题从理论到实践再到论文的推敲，让我们课题组的老师们得到了历炼，也着实有效地提高了班主任工作的效率，也让我更深刻地体会到，教科研与教育教学相互促进，不可以偏废。

在历练中成熟

思想有多远，人就能走多远。自从作为课题的负责人完成第一个课题后，我又陆续申请了天津市中小学德育工作者协会"十一五"规划课题"坚持知与行统一的有效途径研究"、天津市中小学"未来教育家奠基工程"第三期培训课题"历史课堂教学中史料运用的研究"、天津市教育学会"十二五"教育科研规划课题"提高教学效率，减轻高中生课业负担的实践研究"和天津市教育科学学会课题"高中历史简约式教学的研究""在高中历史课程中有效传承中华优秀传统文化的实践研究"。我的《构建简约化的高中历史课堂》等多项课题成果获奖并发表在《天津教育》等报刊上，2016年专著《探寻实教育》出版。在课题研究的领域里徜徉，我越来越感受到教科研对我成长的帮助，越来越感受到教科研带来的快乐。

从最初的茫然"跟风"，到独立申请课题，从参与课题到负责课题，在这近二十年的探索研究中，我对教研有了新的认识。

第一，教育科研是教育发展的第一生产力。放眼望去，教科研已经成为学校的一种普遍现象，研究就预示着改进。早在2007年，教育部领导和全国教育科学规划领导小组提出"教育科研是教育发展的第一生产力"的重要命题，推动了教科研工作的发展。在研究的过程中我体会到，科学发展教育需要科学理论的指导，需要教育科研提供理论支撑。换言之，有质量的教育呼唤有质量的教科研。教育改革发展是教育科研的源头活水，可以为教科研提供生长点；教科研可以为教育改革和发展提供智力支持，两者相互依存，密不可分。这样看来，要想推动教育教学进步，就要不断进行教科研。

第二，教科研是个人成长的催化剂。很多老师囿于申报课题"僧多粥少"的难度而止步不前，但是不是只有立了项的课题才叫教育科研。立了项的课题是一群人在研究，没有立项的问题我们也可以研究。只要我们勤于思考，总能发现教育教学实践中存在的问题。这些问题有自己教学实践的问题、有学生行为习惯、道德表现的问题、有学校教育的问题，还有学校管理模式的问题等等。当我们发现问题，并努力寻找答案，科研就产生了。比如，针对学生"知道做不到"的现象，我进行了"坚持知与行统一的有效途径"的研究；为了提高教学效率，减轻高中生课业负担，我提出了"简约式历史教学模式"。总之，课题不能脱离教学实践的研究，越是小切口的课题，越有利于解决教学中的实际问题。教学研究的严密性，也促使我们的教育、教学工作更加科学化、系统化。

在思考中前行，在实践中淬炼。教科研活动不仅仅帮助我获得经验的积累，更让我在专业能力和教师职业发展能力上有所精进。"层次教学模式""问题讨论教学模式"和"线上教学中自主学习模式"三个专题的研究让我在新教学技术的应用方面获得了新的启发，而心理教育的实践与科研总结使我更加懂得如何处理棘手的中学生心理健康问题。尤其是"简约式历史课堂"的研究，从教学内容上看，少而精的内容有助于减轻学生心理上的负担，便于学生对知识的理解和掌握；从时间上看，减少甚至杜绝了课堂上的时间浪费，有助于在最短时间内达到最佳教学目标，实现了高效教学。在这一课题的研究过程中，我的历史教学风格得到了进一步的彰显，"简约式"历史课堂得到了教育专家的高度赞扬，也推动了我课堂教学水平的提高。在一次面向津冀历史教师的公开课结束后，来自河北省的一位专家评价我的授课说："整堂课语言干净利索，一句废话都没有，逻辑性真强。选取的材料恰到好处，正好适合高一学生的理解水平。"在教科研活动中，我奉献了时间精力，但也从中收获良多。教科研活动是提升自我的"催化剂"，让我从中受到历练，得以成熟。

第三，教科研是学校深化教育教学改革的宅基地。教育科研能够帮助学校深化教学改革。以历史学科为例，在教育科研中，教师们可以针对课程核心架构和知识基础展开广泛而深入的探讨，这一过程能够帮助学校的历史学科及时更新管理系统，从而准确把握学科发展规律。其次，教育科研能够帮助学校提升教学质量。科研能够将实践经验上升到理论的高度，通过与现代技术和先进方法的对比与融合，创造出具有校本特色和学科优势的新教学方法，从而增强学校综合教育实力。最后，教育科研能够帮助学校发展教育理论。尤其对于文科课程来说，很多的理论都是与时俱进的，如果一个学校一直故步自封，不及时用先进的理论和时事来丰富扩充教学系统，迟早会落后于懂得改革和创新的学校。

将教科研化作历史教学的"宅基地"，把教育教学成果总结归纳、反思提升、交流互鉴，是一个艰辛而快乐的过程。这其中不仅浸润了同行们的心血，更饱含了我们对历史教育事业的热爱与忠诚。

作为课题负责人，在组织完成几项课题研究、结题的过程中，我也走向成熟。

第三节

担当，从引领开始

从小我就喜欢唐诗，上了初中后又非常喜欢宋词。吟诵之间，那种润物细无声的静谧之美，大漠孤烟直的沧桑之感，让我无以表达的情感，得以用极尽唯美的方式阐述出来，它们丰富了我对生命的感受力。大学毕业后，我又开始喜欢《论语》《大学》《中庸》《周易》《颜氏家训》等国学经典。总之，我对中华优秀传统文化中的很多内容非常感兴趣，也一直在教育教学中不失时机地向学生进行渗透，但总是感觉做得零零散散，缺乏长期性、系统性，所以一直期盼着学校环境能被中华优秀传统文化深度浸润。

机会来啦

2017 年底，天津市启动特色课程建设项目。听到这个消息的时候，我兴奋无比，心里想这可能是解决上述问题的一个很好的契机。于是，我以"在高中历史课程中有效传承中华优秀传统文化的实践研究"为主题申报了历史学科特色课程。希望以此团结本校历史教师，在全面落实"立德树人"根本任务的前提下，以"历史学科核心素养"改革理念为指引，结合历史学科在传承中华优秀传统文化中的优势，对高中历史课程有效传承中华优秀传统文化进行有效的研究和探索，从而进一步提高学生对中华优秀传统文化的理解和认识，使学生不断完善自我人格修养、增加社会责任感、培养爱国意识，树立民族自信，形成为实现中华民族伟大复兴的中国梦而不懈努力的共同理想追求。这次申报特色课程需要经过市级遴选，而且全市仅有 54 个项目，可谓竞争非常激烈。为了能够通过遴选，我和几位老师一起全力准备申报书的填写，反复推敲，慎重落笔，后来又通过市里的答辩环节。2019 年 4 月，杨村一中历史学科幸运地入选天津市普通高中首批学科特色课程建设项目。作为教育部授牌的领航名师，我具体负责该项目的培训与建设，2019—2022 年进入项目的三年建设培育期。这也是我区唯一一项获得天津市教育委员会批准的特色课程基地建设项目。我校也成为全市拥有特色课程基地建设项目的 37 所普通高中学校之一。

参加天津市特色课程启动会后，我才明白历史学科特色课程建设是在落实国家课程与开发建设体现学校与学科特色校本课程的基础上，以培养学生核心素养为引领，以推动学校与学科特色发展为动力，依据育人目标和校情开展的课程建设与实施工作。成为这个项目的负责人，对我的科研之路来说既是深化扩展又是新的挑战。如果说之前是以历史教师的身份做教育教学研究的话，这次要站在学校课程建设的角度来思考和尝试，从未来的发展趋势来说，这也是全新的引领。我暗下决心，一定要做好这项工作，担当起这份沉甸甸的责任，促进历史学科特色课程建设。

引领，就要不断地学习

特色课程于我们是一种全新的概念。无论是我还是其他老师们，开始接触时都是丈二和尚摸不着头脑。面对"历史学科特色课程建设"全新的领域和方向，我深知打铁还需自身硬，要引领，自己先要强大。为了学习，我在繁忙的工作中连续三次参加天津市教研室组织的培训工作。通过聆听天津市教研室龙祖胜副主任的讲座，我明白了为何要强化课程建设，何为学科特色课程建设，学科特色课程建设与项目实施的基本策略有哪些。接受市级培训后，我再向老师们做二级辅导。在去市里学习的同时，我还积极自学，翻阅相关书籍；加强研修培训，在教育部名师领航工程首期学员班认真研修；并安排核心成员王超老师去江苏学习考察；在特色课程研究中，我们主动请教咨询专家。2019 年 11 月，在"杨村一中历史学科特色课程建设项目启动会及区级培训会"上，区教研室郝主任、孙主任为我们如何建设特色课程，提出了具体可行富有建设性的建议。经过一段时间的学习和思考，我逐渐有了实施特色课程的思路。

和一群志趣相投的老师们一起做喜欢的教育，总是热情满满。在特色课程的探索上，我摩拳擦掌准备大干一场。按照我最初的思路，先是理论培训，然后再进行实践。可是理论培训初期，一些老师对培训不怎么感兴趣，他们认为理论培训没有什么意义，再加上工作繁忙，有的老师没有听完讲座就请假离开了。这让我的热情受到了小小打击。老师们对枯燥的理论不感兴趣，怎么办呢？那几日，明朝作家归有光的一句话经常浮现在我的脑海："天下之事，因循则无一事可为，奋然为之，亦未必难。"奋然为之，也是需要技巧的，不能一股脑把自己的想法强加给他人，必须客观地看待老师们的需要和感受。

于是，我改变了方式，从老师们感兴趣的课堂入手，找机会上公开课、说课，让老师们一起听课，然后请大家对我的课进行点评。在说课过程中，我适时地引入相关理论。老师们在有了实实在在的听课感受和体会后，再听理论的分析就容易理解和感兴趣了。老师们明晓了理论对于实践的重要指导意义，工作推动起来就顺畅很多。此后，老师们自觉在实践中探讨理论，并以理论来指导实践。这件事情也让我明白，作为引领者，遇到问题时，有时不要针对单独的问题，需要着眼全局。

为了让老师们尽快熟悉新教材、新课标，我想方设法请知名专家来我校讲座、听课、评课。近距离接触大师，让我们更加透彻地理解新教材新课标的要义。其中叶小兵教授在"统编高中历史必修教材的特点及使用建议"讲座中强调："统编教材是落实立德树人根本任务的重要载体，是实现党的教育方针的铸魂工程、基础工程。统编历史教材属于国家教材，有着明确的政治导向和价值取向，体现出了国家的主流意识形态，要向学生传递国家记忆和民族精神。"叶教授的讲座使我们对统编历史教材的站位及其功能有了清晰的认识，为国家课程高品质的开发指明了方向，也为我们历史学科特色课程的建设增强了信心。其他各位专家也从多层次、多角度在专业上给予了我们引领，我们在收获知识的同时也被他们的学术风格和人格魅力折服。真可谓是专家指导促成长，高屋建瓴指方向。

2020 年暑假，我们团队全员参加了普通高中统编三科教材国家级示范培训（第二期、第三期）。这些培训，对提升我们的专业能力，提高实施高中历史统编教材的教学效益，推进历史特色课程建设起了积极的推动作用。

当团队的老师们基本了解特色课程相关理论后，接下来便是实践了。

引领，就要勇于实践

在不断的学习中，我和老师们的研究思路越来越清晰。落实特色课程，首先要解决课程问题。新的课程改革强调将更多的课程选择权交给学生，将更多的课程开发权交给老师，将更多的课程设置权交给学校。《国家中长期教育改革和规划纲要（2010—2020）》中也要求"推动高中多样化发展，推进培养模式多样化，满足不同潜质学生的发展需要"。在学科特色课程建设的过程中，我明白有什么样的课程就有什么样的教育，学校课程的建设成为了教育的核心领域与质量提升的关键。课程开发的数量决定了学生的发展空间，课程实施的质量决定了学生的能力水平。基于此，我认为做适合学生的教育首先就要为学生提供适合的课程。我们历史学科特色课程建设的出发点是通过建设学生喜欢的、多样的课程，传承中华优秀传统文化，培养学生的学科素养，促进学生的全面发展，为学生终身幸福发展奠基。

经过研讨，我们学校的历史课程由三类课程组成，分别是国家课程，体现历史学科特色的、对现有课堂延伸互补的拓展课程，与跨学科升华的综合课程。三类课程有机统一，相辅相成。

2019年恰逢天津市高中历史统编教材的颁发实施，28万字的教材让我深知要实现国家课程基于校情标准化、规范化、分层化的建设与实施，就要倒逼教师改变传统教学观念和方式。为此，我组织老师们集体参加新教材的试教试讲工作，为老师们请专家做讲座，还坚持和大家一起备课、磨课、上课。经过一段时间的钻研和探索，老师们逐渐适应了新教材的教学，并积极探索新的教学方式。

在特色课程建设中，我们充分发挥国家教材的主渠道作用，侧重以2019年统编版历史教材（2021届及以前毕业生使用旧教材）为基础，面向全体学生，在日常教学中深入挖掘历史事件、历史人物所蕴含的有关中华优秀传统文化尤其是家国情怀的情感教育素材，重新建构课堂内容，通过精心挑选材料、创设历史情境、切入身边事例、抓住历史细节等途径，引导学生真切体悟中华优秀传统文化，增强爱国主义情感，进而涵养家国情怀。

为了更好地推进特色课程建设，我们联合河北省马英工作室、武清区教研室在天和城实验中学联合举办"涵养家国情怀，坚定民族自信"——历史学科特色课程建设展示活动。这次活动跨年级、跨学校、跨地区、跨省市，不仅给了青年教师学习交流的机会，也使历史学科教学透过不同学校、地区老师的展示交流碰撞出新的灵感与火花。活动进一步落实市级学科特色课程建设项目的各项要求，推动新课标、新教材、新理念落地，探索国家课程基于校情的标准化、规范化、分层化的建设与实施。一年来，项目团队还利用"青年教师基本功比赛""周一行动""双周教研"、骨干教师示范课、教学新秀展示课等活动呈现了多节传承中华优秀传统文化的课例。

在深挖统编历史教材中蕴含的中华优秀传统文化素材的同时，我们还积极开发拓展课程。老师们充分利用新教材优势，发挥自身特长，奉献出一堂堂别具一格的拓展课程，例如：王永琴老师的《中国近代爱国人物》之"感动中国人物颁奖词近代篇"，尹歌老师的《中国古代饮食文化研究》之"唐宋餐制的变迁"，王超老师的《武清文化遗产的开发与保护》之"大运河与运河文化"，张迎晓老师的《中国传统文化》之"中国姓氏文化"，王珊珊老师的《中国古代建筑》之"中国石窟寺的类型和形制特征"等，而籍贯是湖北恩施的李会婷老师主讲的"荆楚文化"，更是切合疫情后复课开学的形势。李会婷老师从"追溯荆楚文化，探寻武汉精神"入手，向学生传递武汉人民不畏困难、敢为人先、艰苦奋斗的精神。通过这一节拓展课，同学们有效缓解了复课开学初的压力，同时增强了民族认同感和家国认同感。以上这些拓展课程不仅有效传承了中华优秀传统文化，彰显了文化自信，也鼓舞了同学们抗击疫情的斗志。

关于综合课程的开设，考虑到我校新入职的青年教师基本都是硕士研究生学历，他们研究的领域在日常的教学中并没有得到很好的展现；还有很多经验丰富的老教师不仅在专业上学识渊博，在书法、绘画、音乐、民俗等很多领域也有他们自己的爱好和特长，如果把青年教师和老教师的专业和特长都融入历史特色课程开发，则能为学生搭建丰富多彩的特色课程选修项目。通过特色课程带动学校优秀传统文化的传承，提高学生思想觉悟、道德水平、文明素养，是我对"历史学科特色课程"建设的追求所在。

经过团队的研究和讨论，我们决定将综合课程分为校外实践和校内实践两部分。校外综合实践课程侧重挖掘武清地方史资源。我们首先开展以"感悟家国情怀"为主题的历史类主题实践活动，组织了一系列贴近学生生活的生动有趣的社会实践活动。如利用寒假组织开展以"乡俗"为主题的教育实践活动，鼓励学生通过贴春联、猜灯谜、唱民谣、吃年饭、拜大年等活动，参与家乡的民俗体验，感悟家乡的年味，让"年"文化得到传承。又如借助新媒体推出的"游走武清"栏目，开掘武清地方史资源，向学生介绍武清文化，以培育桑梓之情。通过"津门首驿"河西务的历史沿革、有故事的西柳行"太平车会"、武清民间绝技永良飞叉、"非遗"美食杨村糕干、"李氏太极拳"创始人李瑞东其人其事，了解我们身边的非遗传承、文化学者和民俗专家，既可以拓宽学生视野，又可以深植家国情怀，在生活中体味文化，在文化中感悟生活。

　　与此同时，我们充分利用校内的跨学科实践活动，发挥综合课程的辅助作用。我们借助节日、纪念日、学校艺术节、读书节等重要节点，为学生搭建展示才能的平台，引导学生用历史剧、演讲、辩论赛等形式呈现所学知识，涵养家国情怀。

　　在理论学习和实践探索的同时，我也尽可能为师生搭建展示的平台，推广特色课程的探索经验，力求辐射效应。比如利用武清区教师轮岗机制，把历史特色课程推广到轮岗教师支教的学校；通过校际学访交流进行推广。2020年10月，甘肃省静宁一中历史教研组全体教师来杨村一中学访交流，通过听课、教师交流、名师讲座，了解了我校历史学科特色课程建设的实践与思考。2020年11月，在京津冀教育协同发展工作的推动下，武清杨村一中、廊坊市管道局中学、通州运河中学联合举办"通武廊"教育教学研讨会，工作室成员积极参加了活动，推广特色课程成果。在京津冀一体化的大背景下，通过京津冀联合活动，老师们为京津冀专家老师们做新教材展示课。在交流中，教师们开阔了视野，提升了对新教材的理解和把握能力。

引领，就要不断创新

　　在特色课程实践的过程中，一件事引起了我的思考。那是在春节期间，我和两位十几年前的毕业学生一起闲坐。其中一位已做了公司CEO的学生向我聊起他在工作中的感悟："老师，我感觉咱们国家的毕业生审美能力较弱。我没有崇洋媚外的意思，我的这个感受是在公司招聘来的设计师进行创作时，通过作品对比感受到的。"说着他划开手机，给我看了他公司招聘来的外国设计师与国内设计师分别为公司产品设计的几幅广告作品。果然，我这个审美能力较差的人也能够一眼辨认出哪幅作品色彩搭更和谐、字的大小比例更合理、广告的整体协调性更吸引人……这件事让我陷入深思。我能为学校的美育发展再做点什么？我们的特色课程建设还能为学生的终身发展做点什么？如何才能为学生的后续发展注入长久动力？随着思考的深入，我的脑海中浮现了拓展课程新主题：图说党史，图说世界史，图说中国史，音乐中的党史、党史中的音乐。"图说党史"这门拓展课程是为迎接中国共产党诞生100周年，师生共同搜集中国共产党成立以来的名画来介绍党史；"图说中国史""图说世界史"是把新教材中涉及的中外名画，按照一定的思路整理，由历史和美术老师共同来上课。这样既让学生了解了历史，又提高学生鉴赏的能力。"音乐中的党史、党史中的音乐"这门拓展课程由历史教师和音乐教师合作完成。第一条线索是从历史的角度看中国共产党的发展历程，通过《国民革命歌》《保卫卢沟桥》《兄妹开荒》《白毛女》《我和你》《我们都是追梦人》等歌曲描述的重大的历史事件，分析中国共产党的发展脉络和取得的成就，让学生了解中国共产党不断发展壮大的历程和一心一意为民族奋斗的精神。第二条线索是音乐老师从音乐发展的角度分析每一首歌在歌词和谱曲上的进步之处，从音乐发展的角度上让学生看到中华民族逐步自信和强大。最后，两条线索汇聚为一点，激励学生以创造美的方式记录当下的历史。这样既可以提高学生欣赏美、鉴赏美的能力，又能拓宽学生的知识面，提高学生学习历史的兴趣。目前这个专题正在积极筹备中。

时至今日，学校的"天津市历史学科特色课程建设项目"已经取得了较为丰厚的成果和一定的社会影响。2019年，王永琴老师作为特色课程基地代表为全市历史教师做新教材展示课；2020年，石南燕老师和张迎晓老师分别以统编教材《隋唐制度的变化与创新》和探究实践活动课"发现身边的历史之'小物件大变迁'"进行课堂展示。与会专家对两节课进行了专业点评，提出了深刻见解；对我们在特色课程建设方面高站位、有规划、务实性的工作给予充分的肯定和高度评价，高屋建瓴，给予了方向引领。其间，王永琴老师做了"打造特色课程，涵养家国情怀"的专题讲座，讲座中所展现出的我校在特色课程建设中扎实工作、积极探索的精神让与会专家、老师们印象深刻。

回想起来，即使在工作中被各种各样事务包围着，我也没有停下来一刻钟，一直在争取学习和自我提升的机会，在做中学，在学中做。在高标准完成特色课程建设项目各项要求的同时，我也在不断地提升教育教学水平和组织开展特色课程的各项能力，不断地在传承中华优秀传统文化中完善自己的人格，力争让特色课程建设日益走向完善和成熟。

孔子云："学而不思则罔，思而不学则殆。"扎根于学习，在学习中实践，在实践中反思，在反思中改进。我想，这是我从"参与"课题的新手到日渐成熟的"引领"者的秘诀所在吧。

第五章 从同行到同行
——我的带徒之法

"这儿，握着我的手！""来吧，我来指给你这个世界，去那个既是你的世界，也是我的世界的道路，我知道做孩子的滋味，因为我去过你现在去的地方，我曾经也是孩子。"这是著名教育家马克斯·范梅南在《教学机智——教育智慧的意蕴》中的一段话。每读至此，我便心有戚戚。

是的，"我去过你现在去的地方"，我就是从那个地方走过来的，我也曾是个"孩子"。"我知道做孩子的滋味"，我知道做孩子时是多么需要那样的"我"的双手的牵握；我也知道无数个那个"我"——我的前辈、同行曾给我怎样的关照与呵护，引领与提携，让我在前行的路上，跨沟越坎，越岭攀山，得览胜景，得延视野。

如今，我，渐入学校"老"教师的行列。每每看到那些正值芳华、意气风发的晚辈后生，就有一种从她们"年轻饱满的脸上"，一次次地重读"曾经经历过的青春"的沉醉与美慕，愉悦与向往。

我知道时光不可倒流，但我更知道，教师这一身份，可以让我虽鬓飞银丝，却仍可在青春的时光里打马穿行，鲜衣怒马。

我知道生命的每一个时段都有它无与伦比的光彩，我可以以自己在教育教学领域的所得，如我的前辈一样，给年轻的老师们力所能及的帮助，并从他们身上汲取更多的源头活水，让自己的半亩方塘能"清如许"的久些、再久些……

于是，在成为骨干教师之后，我作为师傅加入了师徒结对子的行列；在成为年级主任后，我在年级扎扎实实地开展"青蓝工程"。这让我有机会与更多的年轻教师互教互学，教学相长。

第一节

立足课堂稳阵脚

在管理工作中，我遇到过几位家长反映他们对个别青年教师任课不满意的情况。有的家长话说得很直白，心情很急切，甚至要求换掉教她家孩子的老师。

每次遇到家长反馈这样的问题，我的心里都很不是滋味，我能理解家长的心情，也深知青年教师的不容易。站在家长的角度思考，每一个孩子对老师来说只是其所教学生的几十分之一，但对于家长来说却是百分之百。难怪家长如此看重！站在青年教师的角度看，从入职到站稳讲台，确实需要时间和努力。如何化解这对矛盾呢？我认为在与家长积极沟通的同时，指导帮助青年教师尽快成长才是解决问题的最佳方案。

我也相信，每一位刚刚入职的老师如果认真努力，都能站稳讲台。因为他们都有过辉煌的过往，是同龄人中的佼佼者，能为人师那也是依凭他们自身的实力过五关斩六将获得的，能到重点中学任教的更不能小觑，况且入职前还有培训。初登讲台时如果家长或学生对某位老师不满意，那一定是他的教师角色还没有转变过来，不知如何与学生沟通，更缺少对学生需求的了解；或者讲课过于中规中矩，照本宣科，以致不能有效地集中所有学生的注意力；或者授课内容的难易度没有把握好……说到底就是没有从"怎么学"快速过渡到"怎么教"，没有关注到"学生怎么学"。

这应该是所有新入职的老师（包括曾经的我）都可能遇到的问题，只不过表现的程度不同而已。

而这些问题，是能解决的，而且不难解决。

明晓于此，在带徒弟时，我就把"上课"作为重中之重。

正所谓"台上十分钟，台下十年功"，要想在课上游刃有余，就要在课下下足功夫。对此，我对徒弟提出的第一要求就是备好课：一是要做好充足的知识储备，吃透大纲和教材，做到心中有数，胸有成竹；二是尽可能地了解学情。知识是成体系的，学生学习的情况也是成体系的，知己知彼，才能百战不殆。

第二步，就是我们师徒彼此敞开课堂。我年轻的时候没少听课，听课带给我的益处实在太多，特别是史老师的课，几乎每节课都听，或先听后讲，或先讲后听。我也要求徒弟这样做。

我还要求他们不管以哪种方式听课，必须带着问题听。比如授课老师是怎么由旧导新的？在教材的处理上哪里补充、哪里删减了？哪儿是重点、难点？这些重、难点是如何破解的？面对不属于预设范围之内的生成问题，授课老师又是怎样处理的？在问题的解答中发现学生有哪些长处与短板？等等。

这些问题不见得每堂课都能理解得明明白白，但听的课多了，就能听出门道了，关注的点会更多，比如教师的教态、语言，学生的表达能力，学生的课堂参与度，还有老师是如何处理学生"旁逸斜出"的小动作等等。当然在听课中如有疑惑，也需要及时与授课老师沟通弄明白。

我听徒弟的课，不定时，随时听。在交流的时候，先让徒弟说自己的得与失，然后我也直言不讳地提出自己的意见和看法供其参考。

在天津市武清区第十届双优课比赛中，我工作室张迎晓老师的授课内容为《中外历史纲要》上册第六课《从隋唐盛世到五代十国》。试讲时教学设计的导入是用位于西安开元广场的《盛世群雕图》来引入课题，主要是让学生宏观上直观感受大唐盛世，吸引其注意力，激发其兴趣。

对此，我提出了自己的看法：

首先，从激发学生兴趣出发的导入很好，但宜立足学情，应从学生熟知的知识入手。大部分学生对西安开元广场的群雕并不熟悉，几张图片也不足以让学生形成宏观的盛世印象。

其次，课堂导入是课堂内容的有机组成部分，不能为了导入而导入，要聚焦于本课的核心问题。纵观整篇教学设计，围绕的核心问题是释义"隋唐统一多民族国家的发展"，如何用精准的语言，达成最初的目的，又能与本课的核心问题相关联，需要再思考。

最后，课堂最后升华是历史与现实的对话，最终落脚点是"中华民族伟大复兴"。那么，导入是否可从"中华民族伟大复兴"入手呢？可以引导学生思考为什么是"复兴"，学生会很快联想起历史上曾经创造过的辉煌，那么历史上有哪些辉煌时期？隋唐时期辉煌又表现在哪里？这样，一系列的设问导入既能基本上涵盖了本课解决的核心问题，又能做到首尾呼应。

张老师的领悟能力非常强，思考之后，做了调整，使这堂课有了思想的高度，比赛时收到了很好的效果，最终获得了一等奖，并被推送到天津市参加比赛。

再比如，在河北省三河市第二中学举办的京津冀名师工作室区域联合教研活动和杨村一中举办的天津市高中历史学科特色课程建设活动上，石南燕老师做了普通高中教科书《中外历史纲要》上册第七课《隋唐制度的变化与创新》的展示课。在听完石老师的试讲后，我从一节课应有的灵魂、突出的重点、设计的问题、材料的运用、课堂的收获等几个方面给石老师提出意见，并给出了改进的建议。

同时我又关注具体的操作。以"设问"为例，我提出两点，一是每一个问题的设置都必须要有明确的指向性；二是问题与问题之间是有机联系的，是一个不可分割的整体，所以问题应体现出渐进式深入。如"三省六部制与三公九卿制相比，是进步吗？"与"三省六部制与三公九卿制相比，进步在哪？"两种问法，一字之差，对学生思维能力的培养效果大相径庭。这堂课要引导学生思考后明白"制度创新在哪里""为什么要变""变成这样有何积极作用"，通过这样一连串的设问引导学生从制度建设、国家治理能力和治理的体系这些大的线索去思考和把握"隋唐制度的变化和创新"。

石老师凭借扎实的专业功底，从三个方面（突出重点，明确设问；精简材料，用透用实；找准落脚点，实现课堂升华）对本课加以修正。

展示活动结束后，石老师这堂课受到在场专家、老师们的高度评价。北京市专家邢老师进行了专业点评，从整体课程架构、史料实证素养的培养、问题探究中每个设问的有效利用、学生对问题的思考与认识等方面给予了充分的肯定，该堂课基本实现了"按教材把课讲好了就是落实了唯物史观"和"对学生家国情怀的有效涵养"这一目标，整个课堂是有吸引力的。尤其是设置的问题环环相扣，有梯度，有价值，起到了"牵引"的作用；一些小问题的设置也引人深思，看似不经意，实则有深意，背后是对学生透过现象看本质的能力培养。

常态课与各种类型公开课的历练，让老师们获益多多，成长迅速。这些课堂实践经验是从教科书上学不来的财富。为此，我鼓励老师们做个有心人，及时反思自己的教育教学，把自己的所得、所思、所悟甚至错误、遗憾都记录下来，对教育教学活动进行批判、审思、扬弃、改进和提高。

记得美国教育心理学家波斯纳说："没有反思的经验是狭隘的经验，至多只能是肤浅的知识。"他提出的教师成长公式是：成长 = 经验 + 反思。

上海教育科学研究院顾泠沅教授说："反思三年成名师。"

于永正老师也说："认真写一年教学札记，一定能成为一个有思想的教师，说不定还能写出一个教育专家来。"

我自身的成长经历让我对这些大家的话深以为然，深信不疑。

可以说，没有反思，就没有进步。反思是教师专业化发展的关键，是教师专业发展和自我成长的核心因素，也是教师开展教育科研的起点。

双优课赛后，张老师深有感触地说："立足学情的导入可以事半功倍。真正的导入除了吸引学生兴趣之外，还应该有效的点明主题。这堂课还让我认识到历史课堂导入不能仅局限于历史，还要有时代气息，只有和现实相联系，才能更好激发学生的兴趣。因此，我在日后教学的导入设计中要有课堂大局观，要围绕整堂课的核心去设计导入，不能将导入与课堂内容割裂开来，而且还要关注现实，积极寻找历史与现实的契合点，让这一契合点成为架起时代与历史的桥梁。"

展示课后，石老师又结合专家的讲评再次反思与调整。在又一次的展示后再反思、调整。几经打磨，收获颇丰。

石老师也在授课后的反思中写道："观察历史的视角不应是静态的，应将历史放在一个总体坐标上进行长时段、远距离、宽视界的研究。要在广阔的时空背景下用宏观的视野来研究历史，要有'大历史观'。"

"专心行走课堂间，精心积淀课堂后。一次次的反思与调整，让我深刻体会到，教师的专业成长，不仅要靠自身的努力，更需要专家高屋建瓴的指导。"

如此，年轻教师成长的速度之快令人惊讶又欣喜。他们不仅在短时间内能比较轻松自如、信心满满地驾驭课堂，还在与老教师朝夕相处中耳濡目染，潜移默化，习得很多为师应必备的优秀品质，并且在与老教师知无不言、言无不尽的交流中，对自己有了正确的评估，懂得了扬长避短，以勤补短。

在"青蓝工程"的一次青年教师交流会上，一位年轻老师发自肺腑地说："我师傅已经工作二十年了，但每次课前还是特别认真的备课，没有丝毫的懈怠，这让课堂的伸缩性很强。"

另一位老师说："课上，师傅的教学思路特别清晰、有条理，师傅说的每一句话都很精准到位。面对实验班和网实验孩子们灵活的小脑瓜提出的难题，或者是顽皮的学生提出的刁难问题，都很有技巧的解决，师傅在课堂上游刃有余。"

其他老师也都纷纷发言："我发现在日常教学和管理中学生都很信服师傅，我想被学生信赖、崇拜肯定有信赖崇拜的理由。成为她的徒弟后，走近观察，我发现不管是在做人方面还是在教课上，师傅都很有思想。师傅课上课下那认真负责的精神鞭策着我，在这种精神的感召下我也更加努力地备课、时刻向他们学习。如今的我上课不再是眉毛胡子一把抓，也能提纲挈领了，更有信心了，也更快乐了。相信不久的将来，通过师傅的帮助，通过自己的努力，我一定能在专业水平上、生活能力上不断提高，实现作为教师的幸福人生和专业成长。"

"真正接触，才发现师傅比想象中更认真，更善良！"

最后一位发言的老师动情地说："师傅带四个班的课，其中一个是文科实验班，但师傅精心备好每一节课，作业批得一点也不马虎，学生做错的地方都会耐心讲解，每一工作从不敷衍了事。课后，师傅周围总是簇拥着一群问问题的学生，对于学生的问题不管难易，师傅都一一讲解。即使没有早课，师傅7点也到办公室了，晚自习辅导完两节课，还要继续备课，直至晚自习结束。印象中，师傅面对着电脑除了备课就是搜集资料，从来不干一点非工作的事情！我时常想，一个经验这么丰富，这么有资历的老师却一如既往地投入工作，像我们这样年轻教师更应该加倍投入工作！"

古人云："与善人居，如入芝兰之室，久而不闻其香，则与之化矣。"真对啊！

从听课中提升，从讲课中锻炼，从反思中进步，"雏凤清于老凤声"那是必然的。

第二节

浸润书香增底蕴

事实上，年轻的老师深得学生喜爱，这喜爱绝不仅仅止于他们年轻靓丽的容颜、相差无几的年龄，更在于他们的优秀。他们不仅专业学识丰厚，还多才多艺，又是那么热情洋溢，活力四射，他们愿意在大课间、活动课上与学生一起锻炼身体，也愿意听学生说那些在成年人看来很幼稚的心里话，让师生的心几无隔膜。不俗的谈吐、易于接近的亲和，是年轻老师在学生心目中的样子，他们也似磁石一般让学生不由自主地靠近。那因年轻而在教学上暴露出的些许瑕疵在学生眼里就是天空飘来的五个字"那都不叫事"，反而会因此而让学生有了更乐于亲近的理由。这一如学生时代的我！

在我工作室的成员当中，我见识了年轻教师的优秀。对师傅的建议，哪怕是一句话，这句话也许未必切中肯綮，但他们能很快地抓住核心，并由此有了自己的体会和领悟，并很快地付诸行动，因此，他们很快就适应了角色的转换，逐渐成长为教师队伍中的骨干力量。他们超强的学习能力与实践能力所展示出的文化积淀让我常常感觉自叹弗如。

在我心底的最深处，有一个很大的遗憾——就是在年轻时没有读更多的书！

1999 年在天津市教研室做经验交流时，与其他交流的同仁们相比，我的发言在理论方面有所欠缺。

　　后来，我读到的一个故事，一个有关太空花费惊人的故事，可以作为当时我对理论学习认识顿悟的一个注脚。玛丽·尤肯达修女在 1970 年写给 NASA（美国国家航空航天局）的恩斯特·斯图林格博士的一封信中问："目前地球上还有这么多小孩子吃不上饭，你们怎么能舍得为远在火星的项目花费数十亿美元？"这也是我的一个疑问。当我从信中得知，很多太空项目都有在民生科技上的应用和提升（当时的数据是每年有 1000 项技术用于民生），我们现在熟悉的红外线耳温枪（原来是用来测量星球温度的）、人造假肢、婴儿食品、冷冻脱水蔬菜等，都是因太空探索诞生的发明和应用。我一下子觉得博士回信中的最后一段话不再抽象空洞："太空探索不仅仅给人类提供一面审视自己的镜子，它还能给我们带来全新的技术、全新的挑战和进取精神，以及面对严峻现实问题时依然乐观自信的心态。"

　　于是我加强了对教育教学理论的学习。当我把教育理论中原以为抽象的词语还原成教学实践中一个个生动的场景，我也更加明白了理论学习的必要性和重要性。由于当时年轻，在班级管理方面付出的时间和精力比较多，阅读的书籍还是非常有限的。

　　确切地说，我阅读量的增加是在 2013 年入选天津市未来教育家奠基工程后。这个研修班一方面会发给学员一些理论方面的书籍，另一方面也要求我们读书，撰写读书笔记。外力的助推和内在的需要结合起来，让我越来越多地读到有关教育的书籍。从李明高的《教师最关键的 18 项修炼》到陶西平的《沉浸于求索之中》；从《回归真教育》到《外国经典解读》；从《教师最伟大的智慧》到《论教育家》等，这些书籍的阅读，让我拓宽了视野，提高了理论修养，更为重要的是让我在奠基工程学习期间，燃起了新的梦想——未来教育家奠基之梦。

　　几年后证明，这次奠基工程培训确实是我人生中的一个重要转折，它把我推向了一个更高的研修平台——教育部中小学名师领航工程。在这个研修平台，我接触到全国的名师大咖，他们的引领再次把我推向了一个更高的阅读境地。

由于本次研修学习有专业导师的引领和读书成瘾、学识渊博的同学的指导，我阅读范围更加广泛，专业书籍也越来越多。从《英国通史》到《全球通史》；从钱穆大师的《国史大纲》等系列著作到《剑桥中国史》；从《教学机智》到《教育情调》；从《什么是真正的教育》到《倾听着的教育》；从卢梭的《爱弥儿》到叶澜教授的《方圆内论道》《仰俯间会晤》，从张平《什么是最好的教育》到陶行知的《中国教育改造》……专业性的阅读大大拓宽了我的知识视野，让我在教学中如鱼得水。在阅读的过程中，我时而欣喜，时而陶醉。这些阅读直接促进了我教育教学水平的提高，后来讲的或指导的几节公开课中，新颖的教学设计思路、全新而贴切的教学线索、核心素养理念的有效落实等受到了听课专家的好评！

这无疑得益于专业阅读的提升。也让我觉得阅读是最对得起付出的一件事。阅读不仅让我的课堂教学设计有了高度和深度，还让我开始积淀文化底蕴，使内心变得开放、鲜活，更加细腻和温柔。而这些，也能把我的教育教学推向一个全新的境地。因为一个人的教育追求和教育智慧的长势恰恰取决于一个人的文化底蕴。

为免临渴掘井，就应当未雨绸缪，让那些正在教育路上努力行走着而没有意识到读书重要性的同仁及早地读一些书，尽可能地多读一些书，免得在以后的教育教学过程中，产生书到用时方恨少的慨叹。

读书，以教师的视角读更多的书，一定会让本就优秀的年轻教师如虎添翼。尤其是在当今以核心素养为目标的新一轮课程改革过程中，面对新教材、新课标，老师们经常会遇到教学中的难题、研究中的困惑，时常感到理论的不足。比如，在以往教研活动中评课的环节，老师只是指出一节课的优势在哪里，不足有哪些。而现在的评课，要求老师说出一节课哪里好，为什么好；哪里有不足，有什么改进的办法，理论支撑是什么。而这些问题的解决，都离不开读书。所以，我倡导年轻的老师能够坐下来，沉下去，即使工作繁忙，也要每天或每周读一定量的书，使读书成为一种生活的习惯。千万不要担心读书会影响工作，因为从读书中获得的知识，不仅能开阔视野，提升个人修养，更重要的是书中所得能不断提高我们的教育教学水平，让我们在工作中收到事半功倍的效果。

相较于"不知读什么""即使知道读什么却无从得到书、看到书"的从前，如今实在太便利了，想读什么，就能读到什么。但我所青睐的"读"是传统意义上的、纸介的、适合教师专业成长的书，除教科书、教参书、教辅书之外的书。

周国平在《让教育回归人性》中坚决反对用影像替代阅读的做法，并引用德国哲学家奥伊肯的话指出："人类积累的许多精神财富，主要以书籍的形式存在，属于人类的每一个人，但需要你去占有它，如果你不去读，那和你没有半点关系，你也就错过了享受世上最好的精神财富的机会，让你吃了大亏你却还浑然不知。"

试想，嗅着淡墨的馨香，尽情享用前辈先贤的智慧结晶，"视通万里，思接千载"，这是一种多么有益身心、无比快意的智力活动啊！且身居斗室之间，却坐拥世上最伟大最丰厚的财富，立时有了"富可敌国""君临天下"的豪气与帅气！

而且，在"核心素养"一词成为中国教育的大热之词后，新的教育背景对教师提出了更高的要求，而要跟上日新月异不断发展进步的时代步伐，胜任时代赋予我们的神圣使命，最有效的路径，也是捷径，就是阅读，阅读，再阅读。

所以，不只是年轻的教师，年纪若我者，也不能停下前行的脚步，要读书，要树立终身学习的意识。读，就比不读强，即使"秉烛夜游"，也总比"瞑目而无见者"好得多。

我的导师赵利剑老师在他的著作《历史：一堂人文课》"历史是真实的"一章中举了一个朝鲜战争的例子。

为了证明中朝人民获得了抗美援朝的伟大胜利，为了强调中国以简陋的装备同强大的美军在朝鲜周旋了三年，实现了"抗美援朝，保家卫国"的胜利，不少教师不约而同地引用了一段被众人认为很"经典"的材料，即"美国参谋长联席会议主席布莱德雷无可奈何地哀叹，美国是在'一个错误的地方，错误的时间，和错误的敌人进行一场错误的战争'。"

老师们在引用时，不是没产生过疑问：在中美军事势力相差悬殊的当时，为什么布莱德雷会认为是"错误"的？难道他真是在沮丧地为美军在战争中的惨败作"总结"吗？但这样的疑问可惜只是瞬时而已。据我所知，没有谁去深究，包括我在内。

事实到底是怎样的呢？赵老师在《布莱德雷将军战争回忆录》中"实证"了事件的原委。

1951 年 3 月，因在朝鲜战场屡屡受挫，第一任"联合国军"总司令麦克阿瑟发表声明，声称要把战争扩大到中国沿海地区和内地。这从根本上违背了美国政府把战争限制在朝鲜范围内的国家政策。麦克阿瑟的狂妄令美国总统杜鲁门忍无可忍，遂于 4 月将其解职而以李奇威代之。麦克阿瑟回国后，美国参议院随即召开听证会对此事进行调查。5 月 15 日，布莱德雷将军在听证会作证。他在回忆录中是这样记录这件事的："5 月 15 日，在我第一次作证的时候，我就表示扩大与红色中国的战争将是一个错误。""坦率地说，参谋长联席会议认为，如果采取这种战略，就会使我们在错误的地点，错误的时间，与错误的敌人进行一场错误的战争。"（布莱德雷，2006）（Red China is not the powerful nation seeking to dominate the world. Frankly，in the opinion of the Joint Chiefs of Staff，this strategy would involve us in the wrong war，at the wrong place，at the wrong time，and with the wrong enemy.）

原来，他并没有反对出兵朝鲜，而只是说美国不该把战争引向中国。这样一句用标准的英语虚拟语气说出来的话，又怎么能作为对一场失败战争的总结呢？而且，彼时还是 1951 年，众所周知，朝鲜战争是 1953 年结束的。要总结也不是时候啊！实际上，布莱德雷在回忆录中还对此事做了说明，并特意写了这样一句话："后来，很多粗心的读者把这句话当成参谋长联席会议对朝鲜战争的评价。"

这就是赵老师通过阅读还原的历史的真实。

所以，赵老师说："历史是一门讲述过去的事情的学科，无论历史学科承载着怎么样复杂而重大的社会和教育功能，其前提是必须构筑在真实的历史事实基础上。这事听起来很简单，但实际却未必然。"

要把这"听起来很简单，但实际却未必然"的事做好，又不止于阅读。

我很幸运，幸运的是我虽没读过《布莱德雷将军战争回忆录》，但我读到了赵老师的《历史：一堂人文课》，让我茅塞顿开，疑惑立解。更幸运的是它让我思考，在提倡读书的同时，还要思考"读什么书，怎么读"。

书海浩瀚撷取浪花哪几朵？这是难以避免的茫然，于是，我依自己的经验，把书分成几类推荐给老师们。

一是专著。专著，顾名思义，是业内专家的著作，是对某一知识领域所做的探索，是新的学术研究成果，对我们很具有指导意义。如钱乘旦先生主编的《英国通史》，钱穆先生的《中国历代政治得失》《中国经济史》《中国通史》等系列著作，费正清编《剑桥中国史》系列等。

二是教育教学及心理学著作。如马克斯·范梅南的《教学机智——教育智慧的意蕴》《教育的情调》，杜威的《我们怎样思维·经验与教育》、陶行知的《中国教育改造》、赵亚夫《中学历史教育学》等。

三是期刊。期刊，顾名思义，是定期出版的刊物。与书籍相比，期刊出版周期短，刊载论文的速度快、数量大、内容新颖、发行与影响面广，能及时反映国内外科学技术的新成果、新水平、新动向。如《历史教学》《中学历史教学参考》等。

四是线上文章。虽然，我更推荐散着油墨馨香的书，但无须固守，我们大可利用网络突破时空限制的优势，在"互联网+"阅读中延续读书热度，点燃读书热情。

所以，我会利用微信不定时地向青年教师推送有利于专业成长的文章和活动通知。如张祖庆的《"磨课"四部曲》，赵亚夫的《理解新课程：基础教育改革特点与事例分析》，唐朋的《历史教学中的"概念"层次划分及其教学价值探析》，赵亚夫、邓敏的《历史教师如何充实自身的学科素养》，赵利剑的《从武侠小说看教师成长的必备因素——特级教师赵利剑谈教师成长体悟》，余映潮的《成为名师的八点积累法》等。

此外，教育以外的文学、美学、经济、哲学、科学等方面的书籍也可以读。

因为教育只是整个文化的一个分支，如果我们不从整个文化来窥观教育，就有可能误入"只缘身在此山中"的一种彷徨状态。

钱钟书在《谈中国诗》里说，要谈中国诗的一般印象，就一定要有外国人和外国诗在。否则就不能对整个本国诗尽职，没法"超以象外，得其环中"，有居高临远的观点。

是的，如果长时间仅专注在某一方面，就会"闭关锁国"，就会落伍。道，只能越走越窄。

而历史上很多大科学家，如大家熟知的科学家爱因斯坦、达尔文等，兴趣都很广泛，不受自己专业的限制，他们的独创精神可能就来自他们的博学，因博学而领域愈阔，因领域愈阔而触类旁通，因触类旁通而独出机杼。

正所谓：读史使人明智，读诗使人灵秀，数学使人周密，科学使人深刻，伦理学使人庄重，逻辑修辞使人善辩。

凡有所学，皆有营养，内化血肉，终成性格。腹有诗书，自显气质才华。

当然了，读书这事，不能水过无痕，风过无影，而应该水过涟漪起，风过柳枝摇，就像习主席所说：踏石留印，抓铁有痕。

所以，我要求老师们不动笔墨不读书。随时摘录与记录佳言妙句，所思、所悟、所疑、所惑、所得及新见。

我的这个要求再次证明了青年教师的优秀，很有点"给年轻人一个建议，年轻人还给你一个惊喜"的味道，一篇篇有着自己独特思考的文章新鲜出炉。

张迎晓老师在读完方勇先生写的《核心素养视阈下的中学历史教学设计》后，深有感触地写道："在阅读过程中，既要换位思考又要代入思考。用阅读所得反观现实教学，反思自己在教学中面对此类问题的做法，唯有如此才能最直接而有效地实现阅读与教学实践的对接。

"史料"解读要深刻而细致，使其价值最大化。日常教学中就某一个问题我们会寻找相关材料进行说明，仅此而已。本书中所展示的教学实录给我以新的认识，即材料价值解读要最大化。如，在第四章《史料实证是教学设计的抓手》秦末农民大起义一课的课堂实录中，授课教师引用了中国历史上不同时期的史料（包括文献和传说）来说明秦朝暴政。常规教学我们或止于此，史料已说明了问题，在本课的价值就得到了体现。但授课教师在此基础上进一步引导学生思考这几则材料在说明秦朝暴政这一问题上的价值有何不同。这无疑是日常教学中引导学生学会史料甄别、史料价值辨析的很好事例。长此以往，无论是对史料实证素养的培养，还是对学生批判性历史思维养成都甚为有益。"

工作室的梁老师在读了《基于学科核心素养的历史教学课例研究》后，对"为什么进行课例研究""如何进行课例研究"有了特别清晰的认识。她特别在体会中提道："一个教师能力的显著提高是在其任职学习的教育教学实践中进行的。课例研究聚焦于课堂，始终围绕教师怎么教和学生怎么学的教学实践进行，能帮助教师发现课堂中潜在的、真实的问题。这就是课例研究的意义。"

在尝到读书的一点点甜头后，我工作室的老师们读书热情越来越高。2020年12月12日在首都师范大学教师教育学院举办的第四届"历史教育·首师论坛"活动中，工作室的王珊珊、魏鹏扬、王然三位老师同与会同仁分享了品读《论历史教育的魅力》一书的感悟：

王珊珊老师在发言中提到：拿到这本书，首先拜读了杨朝晖教授和孙玲玲老师的文章，想起去年年底有幸与孙玲玲老师，在京津高中历史研讨交流活动中结识，在杨村一中执教同课异构《新文化运动与马克思主义的传播》，当时我就深深地被玲玲老师的课堂魅力所吸引，她课上那种自如的挥洒，丰富缜密的史实内容让人赞叹。在《擎着一束光》这篇文章中她写道："历史教育的魅力是什么？是学生心中灼烧的火焰，是照亮他们未来的一束光。历史教育的魅力就是我们擎着的那一束光，不断地积聚，传递着光明和温暖，给予孩子们理解现实的力量，指引着他们更好地去生活。历史的智慧是光亮。历史教育的独立思考、理性判断是光亮。同情之理解是传递历史教育的温暖，让历史的光照进了现实。"

正如杨朝晖教授文中所说："历史学科是严谨求真的，又是有温度有情感的，历史不仅关注宏大的外部世界，更关注人的内部精神世界。所以，历史教育在有充分的人文关怀的同时，也必定追求科学严谨，需要理性与感性兼具地对受教育者施加影响。"这给了我很大的启发，让我认识到忽视历史学科的情感温度就是忽视了历史教育的育人价值。历史教育以人为本，育人于史学。它是人类历史与现代文明的连接，是历史与学生心灵成长的情感桥梁。我们以史实、史论去展示传承历史，就是为了教育学生，为他们解决人生的困惑，扫除人生路上的屏障。我们要让学生通过思考历史的真谛，认识历史发展的趋势，更重要的是去发现历史承载着的精神亮光。在传授知识的同时，我们要丰富学生的历史学习感悟，聆听学生体悟历史的心声，让慎思笃行、责任担当、自强不息、廉直忠信这些精神品质成为学生生命的底色。这才是历史教育育人的最大价值体现，它将指引学生在当下和未来做出正确的人生选择。

最后王珊珊老师引用杨朝晖教授文中的话语与各位专家、教师共勉："历史教育的魅力源于历史的魅力，历史的魅力因教育的魅力而得以光大，而历史教师是握着历史教育魅力钥匙的掌门人。"愿我们握好手中这把金灿灿沉甸甸的钥匙。

魏鹏扬老师在发言中说：大概一个月前，龚玉玲老师向工作室成员推荐阅读杨教授主编的这本书。打开扉页，看到叶小兵教授在代序中的一句话"历史教育工作者所要思考的终极问题，可能是为什么教历史了"，我很快就被这本书的主旨所吸引，迫切地想进一步从书中找到答案。杨教授在开篇的提问：你为什么要当历史教师？使我有了强烈的共鸣和深深的不安，共鸣的原因是我也是一名从教十年的历史老师，我应当能回答这个问题；不安的原因是我似乎从未深入思考过这个问题该如何回答。杨教授的提问如同幽谷钟声一样，在我的脑海中久久回荡。抱着对这一问题的探究之心，我用了一个下午和两个晚上的时间读完了这本书，从大学毕业之后首次有了废寝忘食、手不释卷的感觉。

读完本书之后，我思绪万千，书中诸位老师的感悟何尝不是我内心深处的想法。对于为什么要当历史教师的问题，我从书中总结出来三点答案：第一，教人求真，周美闪老师等几位同仁的文章使我认识到拂去历史表面的尘埃，还原历史真相的重要性。第二，培育人，王红光老师在文章中所列举的余冠宸的例子至今仍在我的脑海中回荡，是历史教育给予了这位身体有缺陷的同学以光明和力量，使他能够坚强地走下去。第三，传承文明。徐雁老师"唤醒记忆、传承文明"的文章使我感受到了专业的历史教师身上的魅力，而这种魅力正是文明能够不断传承的原因之一。

以上三点是我读完这本书之后的感悟。不过贯穿全书，最令我动容的，则是诸位同仁谈到的历史教育的"温度"，例如石岩老师所说的"永远会热泪盈眶"、李莉老师谈到的"培养有温度的前行者"等。这种历史的"温度"是历史教师对历史教学最纯粹的爱和最深层的理解，也是我读完这本书之后最大的收获。历史教育的魅力其实就是将那些久远的、冰冷的历史史实用我们的话语转授给学生，使学生在聆听、参与、思考的过程中感受到历史的博大内涵和无尽魅力。正是由于诸位同仁的努力和坚守，使得历史的火炬能够传递下去，使更多的学生成为文明的传递者，在一定程度上，历史老师是文明的载体，是学生的榜样。"桃李不言，下自成蹊。"我想这是对历史老师最好的注解，也是历史教育的魅力之一。

王然老师发言的题目是"理性讲史，感性育人"。她在发言中说道：有人说："读书足以怡情，足以博彩足以长，才使人开茅塞得新知。"一本好书，犹如心灵鸡汤，会让你茅塞顿开，反思自身。

有幸拜读了杨朝晖教授主编的《论历史教育的魅力》一书感想颇多，感受颇深。杨教授用细腻的文笔，将自己多年来积累、沉淀后的思考编写成书，是教育理念的更新。杨教授在书中说："历史教育在于通过古老而又博大的学科内容，教会学生学会生存，学会思考，促进学生整体生命的不断发展。"让我受益匪浅。我想这本书既是杨教授等多位教师的经验总结，又是开启我们年轻教师成长的钥匙。

这本书像一面镜子，照出了我自己日常的教学和教育的工作细节。当读到李鹏老师入职之初，每天忙碌于"备课—上课"的死循环中时，我仿佛看到了刚入职时的自己；当读到杨巧秩老师像历史学家那样带着学生一起探究历史的本源，揭示历史的真相时，我也萌发了探究的欲望。专家们解读历史教育的视角也解答了我在教学中的困惑和迷茫，总结了我无法表达出的历史教育的感悟。

在以往的工作中，更多的时候我都在追求的是这段史料涉及哪些知识点，可以设计成什么问题来考学生，读书和教学具有很强的功利性，从没有认真地思考过何为历史教育的魅力。幸好，在我工作的第十个年头，在杨教授这本书的指引下，我开始重新梳理这十年的工作，重新审视历史教育的真谛和魅力。

杨教授在书中提道："历史教育过程是独特的创造。"是的，这一过程对于一线教师来说往往是在 40 分钟的课堂上完成的。他让"讲台上的人"把"历史中的人"引荐给"课堂上的人"，并引导课堂上的人去理解历史中的人，在三者的对话中产生思想上的碰撞和情感上的共鸣。这样的课堂才更有吸引力，更能让学生主动地去探求历史的真相，在情感与理性交织的过程中展现历史教育的魅力。这样的课堂不仅教会学生试着去从别人的情境出发去理解别人，同时也为我们提供了认识世界的方法，让学生学会理性分析，学会用大的视角和格局去分析和认识社会的发展，终身受益。

我想这次阅读只是一个开始，接下来我将如所有在历史教育这条路上探索践行的前辈们一样，做一名有思想、重实践的历史教师，不断探索历史教育的魅力，也让我的历史教育充满魅力。

王珊珊、魏鹏扬、王然三位老师的读书感言，代表了工作室老师的心声。其间多次引起参会者的共鸣，赢得阵阵掌声。

会后，工作室成员纷纷表示意犹未尽，于是我在微信群中继续主持讨论，大家纷纷发表感想：

远在云南怒江支教的王超和马强夫妇也在线上参加了论坛活动。活动结束后，王超老师激动地说："上午有幸在线参加了首都师范大学举办的"论历史教育的魅力"教育论坛活动，聆听各位"历史教育人"的发言真是一种享受，字字是感动，处处是共鸣。如果说'汲取智慧'是历史学的魅力，那么'探寻智慧与反思'则是历史教育的魅力。在基础教育阶段，历史的魅力、历史学的魅力都需要教师这个桥梁来传递给学生，甚至可以说大部分学生对历史学的认识源于历史教师个人。因此，做有魅力的历史教育者，传递有魅力的历史学，探索有魅力的历史教育，我们在路上！"

马强老师表示："参加上午的活动，听完各位老师的发言，我感受最深的是历史可以感动人心，历史可以审时度势，历史可以增加民族自豪感和自信心，历史可以启发智能，历史是追求真实之道的学问，只有从真实出发才能提炼出真实的道理，也唯有'真'才能打动人心，才能真正改变自己，改变周围，作为历史老师的我任重而道远！"

甘肃省静宁县第一中学侯老师说："感谢工作室提供了这样一次难得的机会，让我聆听了一场有灵魂的线上历史高峰论坛，拉近了与名师的距离，切实感受到了名师们对历史的深厚感情和执着追求，让我倍受震撼，这必将引领我在今后专业成长和历史教学之路上无畏前行。"

杨村三中李老师说："参加了今天的论坛，我深深感受到历史是厚重的、深远的；历史教师是该有责任、有担当的；历史教育应该是有温度、有力量的。"

石老师说："历史教育的魅力，源于历史学的魅力，而历史学的魅力在于，它帮助人们认识过往的历史，进而从中汲取丰富的历史智慧。正因如此，有人称历史是精神的原乡，研究历史、学习历史就是精神还乡。历史教师就是学生精神还乡的重要引路人。责任在心，担当在行。"

张老师在谈感受时也激动地说"独行疾，众行远。一番交流，受益众多。

以人为镜，明得失之间，生共鸣之意。事儿因人而异，但情却渐行渐一，一切源自史学魅力。史之明智、史之温度与情感，待我辈在实践中深深感知，慢慢体味。"

天和城实验中学的管老师说："历史教育能让我们留住人类的记忆，拥有美好的回忆，能让我们从过往的历史中不断地汲取智慧，创造更多的历史和美好的未来。历史教育还能启迪学生的智慧，照亮他们的茫茫人生路，让学生感受到穿越古今与未来的美好。我想这就是历史教育的魅力所在。"

杨村四中的张老师说："从历史中，我们可以吸取前人的经验教训，来推动我们社会的发展。在不了解它的人看来，历史是很枯燥且无用的，不能够创造财富。但是，我觉得历史本身就是一种财富。它对于社会的发展、对于人的发展起着至关重要的作用。它能够促进人，发展人，改变人。这也是历史学科独特的魅力所在。"

梁老师在聆听《论历史教育的魅力》论坛后，激动地说："杨朝晖教授是一位有大爱的教育专家，为历史教师的成长指引道路、搭建平台。在论坛中老师们对历史教育的热爱深深感染了我，特别是石岩老师'我热爱历史教育，永远热泪盈眶'，说出了我的心声。我要做一名有历史感情的教师，让学生因教师对历史的感动而爱上历史。"

这次读书论坛研讨活动让工作室成员们感受到：在今后的工作中一定要加强读书学习，有所学还要有所思，将每次学习活动过后的心动转化为自身的行动，将学习成果付诸实践，不断探索历史教育的魅力。

阅读，让我们的专业视野更宽，教学资源更丰富，选取余地更大，史料选取更精准典型，从而让历史课堂更有魅力。

阅读，交流，带给我的益处也是不言而喻的。当我开始意识到自己理论方面的欠缺时，对理论是仰视，更是畏难；当我大量阅读后，原来所有的理论都来自现实，是实在，是亲切。所以，在高一新生开学典礼上，我从校园中人人可见、天天可见的陶行知雕像谈起；在对学生进行家国情怀教育时，我会从学校主楼前小广场相向而立时尚又不失古韵的灯柱上的《论语》金句说起；新学期教师工作会上，我会从家访"劲牌阳光班"学生谈起；党员工作会上，我会从身边老师让我感动的瞬间说起……

似乎，身边的一花一草，一树一湖，一砖一瓦，一面国旗，几座灯柱，一片场地，一组建筑，都让我心有所思，思有所得，得有所喜。

其实，说到底，一切本质意义上的学习都是自学。朱永新教授曾说："一个人的精神发育史就是一个人的阅读史，一个民族的精神境界，在很大程度上取决于这个民族的阅读水平。"当你有了一定量的阅读累积，就会自然而然地完成由有字书到无字书的迁移，这时，你会觉得，天时万物，寰宇星辰，皆是书！慢慢读，缓缓归，细细品，真好！

似乎，我摸到了"入乎其内，出乎其外"的门环。

"昨夜江边春水生，艨艟巨舰一毛轻。向来枉费推移力，此日中流自在行。"南宋理学家朱熹的《观书有感》中原来还有这一首呢。

相信，今日的目不窥园，焚膏继晷，一定会让历史教学这一"艨艟巨舰"在教育教学的长河中"自在行"，为中国梦涂色添彩。

第三节

指导规划谋发展

我在参加天津市中小学"未来教育家奠基工程"三期学员培训学习的过程中，有一项作业，就是填写一份"自我发展规划表"。

这份表格由基本信息、自我现状分析（优势和长处、问题与不足）、自我评价、规划与展望等几方面组成。

其中"规划与展望"包含研修目标、具体措施、预期成果三个方面。目标以时间为界，分三个阶段，涵盖理论学习、论文撰写、课题研究、科研成果、出版专著等。

在实现目标的过程中，我一步步地由大量阅读、深入了解国内外主要教育家的教育思想，到初步具备用理论分析问题、指导实践的能力，再到初步形成自己的教学模式和教育思想，最后进一步完善自己的教学模式和教育思想，在导师的指导下，总结、撰写、修改、完善体现自己教育思想的专著《探寻实教育》。

我体会到了"规划"的甜头，也对"规划"有了更深刻的认识。每一个小目标，都如一束光，在你懈怠、倦怠的时候给你希望，让琐碎繁杂的日常教学事务变得生动，让一本本教材、一份份作业、一张张试卷变得鲜活，让一切的努力都因有了方向而有了动力，最终触碰到大目标的星光。

环视我接触的名家大师，他们无一不具有极强的规划意识和规划能力，

这真应了拿破仑说的那句话"不想当将军的士兵不是好士兵"。

后来,我又看到 *SCIENCE* 杂志曾发表过的一项著名研究,两名科学家召集了 262 名来自美国不同学校的学生,将他们随机分成两组。实验组学生每堂课后被要求写下本节课的学习内容与自己有何种关联;对照组学生不做这些任务。

一个学期后进行测验,研究者发现,实验组学生的成绩显著高于对照组,且表现出了更强烈的探究倾向。这项研究的结果说明,通过强调学习内容和学生自身的关联,能够有效地提升学习效果。

只有发展自己,才能更好地服务学生。我们年轻的教师通过努力站稳了课堂,通过学习增强了底蕴,则能为学生带来更大的发展可能。那如果年轻教师进一步地有自己的专业规划,岂不是花上着锦,后劲更足吗?

华中师范大学教育学院教授、博士生导师郭元祥在《教师的 20 项修炼》中说:"随着学习化社会的到来,每个人都需要具有终身发展的愿望,具备自主思考并规划人生的能力。"

由何兰芝、韩宏莉、苟增强主编的《教师专业发展与成长规划》一书中提道:"教师不仅是一种职业,更是一种专业,具有像医生、律师一样的专业不可替代性。"

的确,作为专业人员的教师,其专业发展必有一个在专业知识、专业能力、专业思想等方面不断发展、完善、成熟的过程,这也是从接受师范教育的学生到初任教师,到有经验的教师,到专家型教师,到教育家型教师的发展过程。这种专业成长是一个终身学习的过程,是一个不断解决问题的过程,是一个教师的职业理想、职业道德、职业情感、社会责任感不断提升、不断成熟、不断创新的过程。制定一个适合自己的职业发展规划,不仅能促使教师自身对自己有正确的认知,让工作有努力的目标和方向,还能最大限度地挖掘自身潜能,更好地实现自我价值。

我开始着手这个"规划"的实施。

首先,我校非常重视教师队伍建设,对新入职教师有一个持续不断地培养和提升的规划设计。

比如"青蓝工程",大体分为学习与展示两部分。

学习部分,有以打造"和谐高效课堂"为核心,开展听课、说课、评课活动的"周一行动"。在此基础上,我要求师傅听徒弟课每周不少于1节,徒弟听师傅课每周不少于3节。年级实行每周一次集体备课的教研制度,提倡自备—集体备—自备的备课环节,并开展每两周一次的以"课例评议""读书分享""课题研讨"等为主题的"双周教研"活动。定期召开青年教师交流会和老教师经验介绍会。鼓励教师参加区、市各种级别的培训交流活动。

展示部分,组织好新教师过关课,青年教师基本功比赛,教学新秀展示课,骨干教师示范课,鼓励他们参加双优课等各种级别的评比活动及各种级别的论文评选活动。

基于此,我组织工作室的教师填写《教师发展手册》,依据自身实际情况制定"三年规划发展目标"。

第一大部分内容包括自我评价、总体目标和阶段目标、实现目标的行动计划。

自我评价由基本现状、主要优点、存在的问题三个方面组成。因为只有了解现状,才有可能思考谋划未来。

总体目标和阶段目标是指在总体目标的统领下,以年为单位确定阶段目标,实现目标渐进。

实现目标的行动计划包括目前存在的困难,本人的具体措施和行动策略,希望工作室、学校提供的帮助。这部分既明确教师怎样为之不懈努力,又关注教师的成长需要,工作室和学校尽最大努力为之创造条件,为之助力,做好坚强的后盾。

第二大部分包括教学情况、科研情况。

教学情况含研究课情况(研究课级别分别指市、区、校级别,以下同)、优秀课评比、各类教学讲座、教学论坛、教学效果、其他情况。

科研情况包括论文获奖或发表、论著出版、讲座交流情况,主持或参与

科研课题情况。

"梦里走了多少路，醒来依然在床上"，要想梦想成真，规划变成现实，关键在于落实，在于行动，在于坚守和信念。

选择了热爱一生的教育事业，就要成长为自己想要的样子。这是工作室老师们心中的渴望。带着这份执着的渴望，我们实在地做，扎实地走，积铢累寸，克服一个个困难，收获一个又一个的成果。

人一旦清楚自己想要什么，就会拼尽全力去做。

在规划的指导下，工作室的成员（外省除外）参加了新教材《中外历史纲要》（上、下）的试教试讲工作，共上交了 36 节课的试教案例。此外，工作室自 2019 年成立以来，共有 12 人次参与区级公开课展示活动，有 5 人参加天津市或与外省市联合进行的公开课展示活动，有 2 位老师在人民教育出版社历史编辑室主办的第二轮"统编高中历史教科书优秀教学设计案例征集活动"中获奖。在区级、市级论文评选活动中，共有 15 篇论文获奖。此外，工作室 1 名教师获得天津市骨干教师称号，两名成员顺利晋升高级职称。

在不断努力的过程中，我深刻体会到了"上下齐心，其利断金"中蕴含的团结的力量。我们申报的天津市重点规划课题《在高中历史课程中有效传承中华优秀传统文化的实践研究》和天津市教育科学学会"十四五"教育科研课题《高中历史特色课程中涵养家国情怀的研究》分别于 2019 年和 2021 年获得立项。

工作室成员在听取专家讲座培训的同时，还积极撰写学习心得。王然老师在听了叶小兵教授讲座后写道："叶教授讲到在研习史料的过程中，教师应当根据学业质量标准所描述的成就表现指导学生。这让我想到了一次学生对一道材料题提出了疑问：从'夜市千灯照碧云，高楼红袖客纷纷。如今不似时平日，犹自笙歌彻夜闻'（唐·王建《夜看扬州市》）的描述中可以看到当时的夜市比较繁荣，为什么课本中却说宋以前的市有着严格的时间和空间的限制呢？这位同学能够敏锐地发现矛盾点非常好，于是我进行了大胆的猜测：可能是当时的扬州经济发展较好，可能是在局部地区的特殊情况，也可能是因为当时的特殊节日。这样的回答显然并没有让学生满意。因为这只是我的猜测，并不知道是不是真实的历史。听了讲座我方才想到，这样的矛盾冲突点不正是激发学生进一步探究历史热情的地方吗？如果当时进一步向学生提出如何验证猜测的办法，也就能水到渠成的将史料的搜集和选择的办法教给学生了。学生们在查找资料时可能首选的还是在网络上进行百度，但我还可以为学生提供一些参考书籍，培养学生搜集史料的能力，并在此过程中提示学生尽量选择可以搜集到的一手史料或者是较为可靠的二手史料，如官修史书等。在此基础上渗透'孤证不立'的史学理念，通过学生对史料的搜集和选择培养学生发现问题、解决问题、通过史料还原历史真相的能力，这样的过程中相信学生和教师一定会有更多的收获。"

为了更好地落实工作室成员的个人发展规划，促进成员间的交流和提高，我开展了"三微"教研活动。"三微"指的是"微笔记""微课题""微设计"。

首先，工作室为所有成员购买《核心素养视阈下的中学历史教学设计》《基于核心素养的历史教学课例研究》等辅助于国家课程高品质实施的专业书籍，以及与开设的校本课程相关的专业书籍。每位成员通过专业书籍的阅读，撰写"微笔记"，在微信群中与大家分享讨论。

其次，开展"微课题"活动。工作室以"高中历史课程中有效传承中华优秀传统文化"为课题，每位成员选择一个适合的视角，用小问题驱动大研究进行微课题的研究，撰写2000字左右的研究报告，并在微信群中分享讨论。

再次，知行合一，做"微设计"。基于以上两项活动中的理论学习所得，每位成员有针对性地将理论应用到日常的教学中，进行一个教学片段的微设计，可以是国家课程也可以是校本课程，可以是某个教学环节，也可以是某个教学重点或者难点等等，并在微信群中分享讨论。

"三微活动"不受时间、地点的限制，为老师们沟通交流提供了便利的条件。

真可谓：锯动就有末，干必有收获。"规划"的微风在我们学校教育的星河簇起层层波浪，鲜亮而生动，迷人又诱人。

如此，"少壮功夫"不等"老"就已峥嵘初露，圭角渐显。真是当下可喜、未来可期啊！

第四节

携手同行报家国

看到过一个故事，说的是一个少年，一直以成为全美壁球冠军为目标，训练非常的刻苦，坚持了 5 年，最终梦想成真。然而，成为冠军的喜悦与幸福并没有延续多久，就在成为冠军的当晚，褪去喧嚣与热闹，独自躺在床上的他，感到一种无以言表的迷茫、恐惧、无助，甚至悲伤。这促使他开始观察和访问那些看起来拥有持续的快乐和幸福的人，并大量阅读东西方历代先贤大家的作品，慢慢地形成了自己的幸福观，即幸福是快乐和意义的结合。

的确，一个人要想获得真正的幸福，就必须有一个明确的目标，这个目标要能带来快乐和意义。

我理解这个目标就是在自己的专业领域有所建树，不辱使命。而这个"意义"，奥地利心理学家阿德勒有一个非常明确的定义，即对同伴发生兴趣，作为团体的一分子，并对人类幸福贡献出自己的一份力量。

教师这一职业，让我们与学生相联结，与未来相联结，也让我们感受到自己从事的工作的意义和价值，在成就他人的同时，也在发展自己，在发展自己的同时，又激发他人的热情与干劲，保有乐观的情绪，幸福的体验，积极的心态。

《普通高中历史课程标准》（2017 版 2020 修订）中指出的五大历史学科核心素养之一的家国情怀是历史课程中历史价值观教育的根本归宿，这种深

深植根于民族血脉、被中华儿女国家认同、民族认同、文化认同的中华优秀传统文化，是实现中华民族伟大复兴的精神动力。

作为教师，我们都不想成为"语言的巨人，行动的矮子"。要想让学生成为什么样的人，教师首先就应该去做一个什么样的人。

我们在"教"，我们更在"做"。

课堂就是我们的主阵地。与其说我们在"教教材"，不如说我们在"用教材教"。我们以人教版和统编版历史教材为基础，面向全体学生，在日常教学中深入挖掘历史事件、历史人物中蕴含的有关家国情怀的情感教育素材，重新建构课堂内容，通过精心挑选材料、创设历史情境、切入身边事例、抓住历史细节等途径，常态课与示范课、展示课、研究课相结合，时刻不忘引导学生真切体悟中华优秀传统文化，激发他们的爱国主义情感，进而培育他们的家国情怀。

如魏老师《中外历史纲要》（上）第18课《挽救民族危亡的斗争》的教学，通过组织学生讨论"谭嗣同选择流血牺牲的原因和在当时的意义"以及"近代中国为何没有沦为殖民地"两个问题，引导学生感悟历史人物的爱国之情、救国之心和报国之志，使学生感悟爱国主义在挽救民族危亡的斗争中起到的重要作用。

整节课从容自如，一气呵成，历史很远，人物又很近，有一种陌生的熟悉，熟悉的陌生，让学生很自然地融入其中，被其感染，实现了涵养、升华家国情怀的目标。

我还将历史学科和学校的一些经验和探索在周边兄弟学校尤其是对口帮扶地区进行推广，力求研究共进，发挥辐射作用。

有朋自远方来

在当地学校的大力支持下，来自大山深处的侯建兵和李斌两位老师，走出自己的学校，走出大山，在2019年11月8日来到天津杨村一中参加了我工作室的授牌仪式，受到了学校和工作室全体成员的热烈欢迎。工作室挂牌仪式是工作室成员们翘首期盼的重要大型活动，为此工作室制定了各个方面的详尽活动安排。为了接待好工作室远方的家人，我更是煞费心思。早已为他们定好了离学校最近的宾馆，并对每日用餐、专人引领等做了周到的安排。除了参加挂牌仪式，侯建兵和李斌老师还参加了工作室主办的津京高中历史交流活动，观摩了天津杨村一中王珊珊老师和北京师范大学附属实验中学孙玲玲老师的同课异构活动，聆听了《历史教学》杂志社王雅贞主编、天津教研室历史教研员罗金永老师和首都师范大学杨朝晖教授对两节课的精彩点评。侯建兵老师表示："参加这样高水平的活动，日程丰富，照顾周到，我深受感动；同时与历史大咖及同行名师的研讨交流使我们开阔了视野、拓展了思路、引发了思考，收益颇丰。"李斌老师也激动地说："这次参加龚老师工作室的活动，让我们看到了贫困落后地区与名师、名校之间的差距，有利于贫困落后地区历史教学拓宽专业视野，提高思想境界，强化专业功底，并且带动本校历史教师积极向上，探索实际有效的教育教学方法。"两位大山深处的老师带着期盼的心情而来，带着新思维、新创意而归，必将辐射一方教育。

2020年10月26日，工作室成员、甘肃省静宁一中教研组长侯建兵与其历史组全体教师在教科室张主任带领下来到我校学访交流。侯建兵老师一行走进了我校高三、高二、高一历史课堂听课，并就"新教材、新课改"相关内容与备课组长和讲课教师进行了深入交流。我也为侯建兵老师一行做了"规划自己，让教育人生更精彩——教师专业成长规划"的讲座。我从理论到实践，为老师们诠释教师专业成长的路径，并真诚地希望每一位老师都能认真规划自己的教育人生，能多读书、勤反思，做一名内外兼修、有爱心、有智慧的老师。次日，侯建兵老师一行参与了"涵养家国情怀，坚定民族自信——武清区历史学科特色课程建设展示活动"。侯老师在活动中做了"从近代天津经济元素看中国经济结构的变动"研究课。侯老师深厚的教学功底、极富感染力的教学风格深受学生喜欢，也赢得了听课教师的一致称赞。返程前，张主任深情地说："这次深度参与先进地区的教研活动，收获满满，我们将带

着新经验和新理念回到学校，以饱满激情投入工作，努力促进教育教学水平的提升。"

送教大山里

2019 年 11 月中旬，河北省围场的气温早已降到零下十几度。风雪严寒挡不住我和工作室成员去围场送教交流的步伐。我和王珊珊老师一起，远赴围场一中，与该校全体历史教师进行了热烈地交流研讨。王珊珊老师为围场一中的历史教师做了一节"新文化运动与马克思主义的传播"观摩课，并在课后进行了说课活动，围场一中的老师们赞不绝口，深受裨益。接着，我向围场一中的老师们介绍了我校的文科情况，并做了"高三年级如何有效应对高考"的讲座。讲座中，我介绍了许多实用有效、操作性强的教育教学技巧和提升学生学习及思维能力的实践范例。这次交流活动，我把新的教学理念和成熟的历史教学经验体会分享给围场一中的历史同仁们，为促进围场一中教学观念的转变和教育教学质量的提升提供了借鉴。同时，围场一中教师在教育岗位上的辛苦付出和高度的敬业精神也给我们留下了深刻的印象。

深情洒怒江

2021 年初，我校和天和城实验中学同时收到了落款为"中共怒江州委"的感谢信，信中带着西南边陲政府的诚挚，表达了对两所学校及支教教师的感谢，称赞王超、马强老师"展现了高度负责的工作态度、攻坚克难的工作作风和开拓进取的能力素质，树立了良好的帮扶干部形象，为怒江高质量打赢脱贫攻坚战做出了积极贡献"。

看着这封感谢信，我不由得回想起去怒江送教、看望支教老师的情景。那是 2020 年 12 月中旬，遵照教育部教师工作司和天津市教委的要求，我和工作室成员王然去怒江送教并看望王超一家三口。从 3:00 到 17:00，经过 14

个小时的奔波，我们终于到达了怒江。第二天一大早，我们去马强老师所在的民族中学参观校园，并听取了马强老师的支教工作汇报。马老师说："来到怒江后我们一刻也不敢怠慢，不敢放松，上班后第一天我们便上课、座谈、访问……一系列帮扶工作也相继展开，经过紧锣密鼓的调研工作，我们为民中呈现了近2万字的调研报告和近万字行动方案，得到了民中领导的认可和大力支持。在进一步的沟通交流中，我们进一步了解了民中实际情况，将工作方向定为'扬和美课堂之长，补教师发展之短'。因为民中急需解决的问题是如何推动和美课堂的有效落实及促进教师队伍的建设与发展。"

"确定工作方向之后，我们通过带班，上公开课、示范课，听评课等方式来开展工作。自进校以来，我们的支教队员先后日常上课近200余节，听评课200余节，参加学校教研活动40多次，指导备课组深度备课达50余次，指导大型同课异构教研活动一次，主持教研活动6次。每一位支教小组成员都在自己的岗位上兢兢业业，这一串串数字，这一个个帮扶故事是民中支教队员们踏踏实实干出来的，这些数字，也是我们民族中学支教小组对行动方案践行的最好的诠释。"……

听着马强老师的汇报，我感受到马强和王超一家三口在不同的学校所展示的极高的教育热忱和专业精神。他们克服重重困难，努力完成在怒江的支教工作，令人敬佩。

听完马强老师的汇报后，我们又赶到泸水一中，深入课堂听课、评课，下午给学校的老师们做了主题为"论历史教育的魅力"的讲座，就历史教学的魅力以及读书与教学的关系等内容与老师们进行了交流，并赠送历史专业书籍。

正如在泸水一中支教的王超老师所说的那样，他们夫妻两人之所以选择教师行业，就是希望自己能够永远年轻、积极向上。他们一家人的理想就是"永远有激情地活下去"，尽自己所能帮助别人、报效国家。

课堂小舞台，心中大天地。

这也是我们每一个人的愿望吧！

　　"独行疾，众行远。"相信只要我们奋进不辍，探索不止，齐心协力，团结合作，我们的教育之路就会越走越宽，越行越远；惠及的学生就会越来越多，越来越广，我们的国家就会越来越强，越来越好；而我们的快乐与幸福就会越来越久，越来越甜。

第六章 从执行到创意
——我的管理之道

    在送走 2010 届毕业班后，我担任了学校高二年级教学主任的工作，开始了年级管理工作。从此，我一边继续历史教学工作，一边摸索管理之道。

    2013 年暑期开学，杨村第一中不迁入新校区，我被提升为学校副校长，开始参与整个学校的管理工作，分管德育和年级管理的工作。这也是我独立主管年级工作的开始。徜徉在教学与学校管理的世界里，我在辛苦应对各种挑战的同时，也感悟着管理工作的深奥艺术和无穷魅力。

第一节

在管理中学习

到 2010 年担任年级主任之前，我做过班主任和年级干事工作。班主任工作是以本班的教育教学为中心考虑实施策略；干事的工作是执行年级具体的事务性工作；而年级主任的工作则需要从整个年级的二十几个班级、一千多名学生和近百名教师的大整体来思考、权衡开展工作。

从第一次在全体教师面前紧张胆怯发言的"菜鸟"，到在年级全体师生大会上的沉稳从容的讲话；从日复一日晨起转班、转楼层获取一手材料，到以当时我校历史上最好的高考成绩送走 2012 届毕业生；从"搜肠刮肚""抓耳挠腮"想办法、搜点子，到熟练有效地开展年级管理的各项工作；从专注分管年级教学管理的主任到统揽年级总体发展的主管校长，我慢慢完成了由教师讲台思维到学校管理者站位思考的转变。

幸遇良师

我管理生涯中每一步的坚定迈出和踏实落地都离不开我的管理"导师"们高端大气、用心良苦的引领。

当 2010 年暑期开学，我心怀忐忑，硬着头皮走马上任时，令我异常惊喜的是我被安排在梁栋副校长主管的高二年级做主任工作。我暗自思忖：真的是太幸运了！在管理领域，我又有了一个拜师学艺的好机会。要知道梁校长可是全国知名教育教学专家，他的运筹帷幄、他的博学多才、他的幽默含蓄……这一切我学到老都学不完。

那个暑假开学正值梁校长在澳大利亚进行为期 70 天的研修考察期间。在梁校长不在学校的那段时间里，我通过 QQ 向梁校长请示汇报工作。这样做一是让校长了解年级在开学后的各方面情况，请领导放心；二是请校长对刚走上管理岗位的我多多进行指导。虽然梁校长在海外研修有紧张的考察学习任务，但是我的每次请示、汇报都会在当天收到回复。梁校长在远隔万里之外及时的点拨、赐教和指导传递给我的是镇定守岗的底气，言简意赅的工作安排是我初期工作顺利开展的蓝本，及时的肯定是我自信乐观的源泉，恰到好处的激励是我日夜不倦工作的动力。

记得在那段时间的例行听课中，我发现一位青年老师的表现非常突出，特别受学生喜欢，于是我计划在教师会上表扬这位青年教师，向老师们介绍我所发现的她的教学长处。当晚七点多钟，我把这想法和拟好的讲话内容发给梁校长。半个小时后，我收到了回复，梁校长在我的讲话稿中逐段做了批注或指导。哪些地方是她落实基础知识的有效做法，可以肯定；哪些地方是她爱学生的表现，可以表扬；哪些地方是她的个人特点，不建议说……并嘱咐我说：表扬一位老师，既要对她本人负责，也要对其他老师负责，毕竟这位老师刚刚走上工作岗位一年。梁校长对我这样的亲手栽培，这样的殷切期望，这样的良苦用心……我读着、悟着、感动着，备受激励和鼓舞。

还有一件事，我至今记忆犹新。就是前面提到过的，那次刚开学不久，一位态度强硬的家长找到我，要求把教她家孩子的一位刚参加工作的老师换掉。我向梁校长汇报这一情况后，梁校长在回复中指导我在处理此问题上要注意两点：一是教师必须努力，要让她清楚自己的"短板"，并给予适当帮助；二是要做好学生工作，告诉他们教师不可能换，要适应。于是，我遵循这个指导意见，一面做家长的工作，请她一定要相信学校相信老师的实力，并希望她对这位刚刚参加工作的青年教师给予理解和包容；同时我与任课老师进行了推心置腹的交流，鼓励这位新入职的教师要有自信，建议她要在听课备课及辅导学生上下功夫，在与学生的交流沟通中了解他们的想法和需求，有针对地改进自己的教学。此后一段时间我一直关注此事，发现师生之间和谐融洽，这个问题得到了圆满的解决。

组织考试，这种事务性的工作我做干事的一年中进行过多次，无论大小考试，我都能考虑得周到细致，从未出过差错。但是针对整个年级的考后分析，则涉及试卷解读、教学策略、情绪辅导等多方面的工作。我该如何实施呢？

我反复思考两个主要问题：如何有效地进行全年级各学科及各层次的考后分析？如何管理好实验班、调动实验班教师的积极性？切入点在哪里？理不出清晰的思路，我又一次通过 QQ 向梁校长请教。梁校长回复说：善用考试结果，对事不对人，分析主客观因素。对于实验班教师的管理，梁校长专门为我做了如下的指导：一是实验班的老师必须有境界。一些东西看起来无关紧要，其实对学生的影响很大。教师的魅力，人格的魅力，教师的境界，教师的行为，都是学生很敏感的关注点，是对他们的学习及发展产生深刻影响的东西。这个影响往往被我们忽略。这不是语言能解释的，这不是方法问题，是精神的力量。二是因为实验班教师不简单，所以管理不要过于简单。衡量他们的标准是质而不是量。我们的老师要有觉悟，更要有品质。实验班的老师本身就是品牌。三是重点工作不能用一般的方法管理。我们不缺方法，但缺少智慧。

梁校长在大洋彼岸的指导，既有理论的高度又有具体的操作，既有具体措施的指导又有精神领域的引领。虽然当时以我的资历对梁校长的一些指导还不能完全理解到位，悟出内理，但凭我内心对他的敬佩使我坚信，只要执行到位，管理效果就会呈现。就这样，如同拨开迷雾一般，我的工作思路清晰明朗起来。从备课组长分析会到班主任分析会；从普通班的举措到实验班的招法；从具体的工作要求到教师精神品质的提升，我暗下决心，一定要让自己的工作落到实处，有效果的管理才配得上高水平的指导。在这一思想的指导下，此后的每次检测，我的分析跟进工作都做得扎实有效。

一个多月之后，梁校长从澳洲回来了。我紧绷的神经一下子轻松下来。心想，这下可好了，可以随时随地请示请教了。哪知怪事出现了：第一，梁校长从澳大利亚研修结束回来后，不像在国外期间那样指导我了，经验和方法都不讲了，所有的事都让我自己去干。第二，当我发现年级教学中存在的问题想求得帮助时，梁校长却对我说："发现了问题先别跟我说，你想出解决问题的办法，而且不能是别人用过的办法，然后再跟我说。"我当时不理解梁校长的用意，心里还嘀咕着，难道那细致入微指点迷津的校长"留在"澳大利亚了？

当时，按照学校党总支书记赵校长的要求，每位中层主任每月自选一篇《发现》杂志中的文章进行细读并撰写学习体会。在这份杂志中我读到一篇题目是《哈佛怎么教管理》的文章。文中有这样一段话："哈佛教管理的第二个秘密是：把教室当健脑房。刚开始上课时，哈佛教授一条所谓的经验和方法都不讲。不仅不讲，他们还要拿出一个案例反过来问学员该怎么办。学员都很聪明，几乎每个人都给出了不同于别人的方案。但教授还不满意，还在逼问大家有没有不同的想法。在健脑房里，每个人都被迫进行思维突破运动，要的就是跟别人不一样的想法。在这样的课上是没有人能睡着觉的。你不仅上课睡不了觉，而且一天到晚都要沉浸于其中不断地想新方案，回到家也别想睡。"

哦，我恍然大悟了。那件一直萦绕心头的"怪事"的原因我明白了。

这让我深深体会到梁校长管理的高明之处。我清醒地意识到了自己与前辈的差距有多大，更深体会到了梁校长的管理策略和意图，那就是对我提出了更高的管理要求。在工作中一定要善于动脑筋，要采取一些更新更好的措施和办法做好工作。没有问题就没有发展，解决问题就是进步，多一个问题就多一次成长的机会。以积极的心态寻求解决问题的办法，以积极的心态和处事方式影响和带动周围的人；善于发现问题，直面问题，并及时汇报问题，尽可能快地将存在的问题及时发现、及时解决。这样的工作思路使我自己不断强迫自己甚至逼自己多思考、多动脑筋、多想招法，力争有更新、更有效的办法去解决老问题。比如一些常见的问题：如何让"导优"措施更有针对性，如何让"包临"效果更加卓有成效，如何在原有水平上进一步提高课堂教学效率，如何解决学生的"眼高手低"的问题等等。

在不断的摸索中，我继续寻找解决问题的新招法，同时也在不断提高自身的创新能力，使自己的思维一直处于"亢奋"状态，力争将工作做得更好更出色。

在梁校长的指导下，我比较快的完成了从教师到年级教学主任角色的转变，并顺利进入年级管理工作的状态中。转眼，我跟随睿智的梁校长学习、锻炼、摔打了两年的时间。这两年时间虽然不够长，但是却为我以后独立管理年级工作奠定了良好的基础。

我的感悟是：在从事一项缺少经验的新工作时，尽可能多向前辈请教，多虚心学习。即使不明白一项措施背后的深刻含义，也不要心存抵触，不要质疑，要不打折扣地去执行，这并非盲从。随着眼界慢慢变得高远开阔，自身阅历和能力水平的逐步提高，慢慢地就能感悟体会到这些措施或举措的深层含义和精妙之处。

就这样，我的"导师"把我领进了"管理"这扇门。

读书悟道

在《发现》杂志中找到了"怪事"答案之后，我买了大量的管理书籍，开始了我的"师傅领进门，修行在个人"的读书悟道之旅。

读"深淘滩，低作堰"——精准管理理念启示

"深淘滩，低作堰"是李冰留下的治堰准则，是都江堰长盛不衰的主要"诀窍"。为了保障枯水季节的灌溉用水，每年的岁修"深淘滩"必须淘到一定深度，不可有任何懈怠。为此，相传李冰在河床下埋石马，作为深淘标志。都江堰能够历经2000多年，至今还滋润着天府之国的万顷良田，要归功于李冰父子治水留下的聪明——将治水工作做实做细。试想，如果当年李冰父子没有在河床下埋石马，也许都江堰早就因沧桑变迁和时间的推移而湮没在历史的尘封中了。而"低作堰"指的是飞沙堰要低作，切忌用高作堰的方

式在枯水季节增加宝瓶口的进水，这也是古人留给我们的做人做事准则。

从这篇文章中我得到了启示：在教育教学工作中，首先要做到的就是求实，它是科学管理的第一步。"深淘滩"要"岁必一修"，为的是及时清理每年洪水过后留下的沙石淤积。对于学生而言，无论是高一年级学生学习习惯的培养，还是高二年级学生的能力提升，或是高三年级学生解题规范性的训练，一定要"在河床埋下石马"，将事情做细做实做到位，在管理中既有措施的落实也有效果的评估和反馈，这样才能对学生有长久的甚至一生的积极影响。对于教师及管理者而言，在工作中也需要不断地清理思想上、方式方法上的"沙石淤泥"，不断地反思，修改工作中不合理的地方，才能不断地克服自身的弱点和不足，才能够不断提高，才能够真正实现教书育人的职业理想，完成好立德树人的时代嘱托。"低作堰"告诉我们要遵循教育教学规律、顺应学生心智成长规律，才能实现学生的快乐成长。

读《我当韦尔奇助理14年》——精致管理理念启示

读完这篇文章，我在想，作者罗塞娜凭什么给"美国十大最强硬老板"当了14年的助手呢？凭的就是将"小事"做到极致的态度。如果罗塞娜没有考虑到"后续工作中不能出现认知上的空白，那么她也就不会每天检查老板扔进垃圾桶的每一样东西"，没有这一环节，她的工作也不会做得那么出色。而她的考虑周到、做事周全又源于她对这份工作的热爱。

虽然工作的角色不同，但他的这些做法给了我很多启示。我反复问自己：我是否热爱我现在从事的教育教学管理工作？每一项教育教学工作是否有详尽的计划？计划是否落实到位了？哪些方法是因循守旧的，哪些是原创的，是否达到了预期的效果？哪些机制有利于教师尤其是青年教师的发展？我的管理工作是否让师生有幸福感、成就感？

筑梦三尺讲台，培育三千桃李，靠的不仅仅是日复一日的辛勤劳作，更是对这一职业的满腔热血，是对教书育人的忠诚与热爱。如果说《我当韦尔奇助理 14 年》这篇文章给每一位工作者都带了不同层次的启发，那么对于身为人民教师的我来说，最大的价值就是它使我更加明确了自己在工作中的每一个目标应当如何完成、每一处细节应当如何落实、每一节课堂应当如何成为精品、每一次修改作业应当如何尽心尽力。当我们每位教职员工都能俯下身细致地工作时，我校的教育就会更"精致"。

《向腰刀匠人学育人》——适时干预的管理启示

关于保安腰刀，以前我只听说过它曾作为奥运会的贵重礼物送给重要嘉宾，在读了王育琨先生的这篇文章后，我才体会到它深刻的教育之道。

腰刀匠人师傅从不用语言去教，从来不指挥徒弟该如何做，靠的是让徒弟自己长记性。走神时，就是一巴掌。看上去残酷了一点，但这恰恰是对受教育者从"无心"到"用心"学习的干预过程。

腰刀匠人的师傅从来不直接说出徒弟的对与错，他们放开了让徒弟们在实践中品味对与错。根据徒弟品味程度，适时加以点拨。看起来师傅很"不靠谱"，实际上师傅在"用心"教会徒弟的"用心"。凭借这独特的传承法式，保安腰刀锻制技艺成为维系整个保安族生存的重要手段，成为保安族经济文化的命脉。

这篇文章给我的启示是：管理者的管理要"精细"与"粗放"相结合，要给教师大展拳脚的空间。教师的教学要适当留白，太"勤快"的老师只能培养出"懒惰"的学生，会导致学生"半身不遂"。"耳提面命"培养不出"天马行空"的创造者。

因此，在校园网上我们推出了《学当"懒老师"》这篇文章。让学生多动手、多动嘴、多动脑、用心看、用心想、用心做等，就是要让老师学会"偷懒"，该出手时再出手，才能让受教育者"勤快"起来，用心去学，才能培养出有"悟性"有"创造性"的学生。

这就是腰刀匠人告诉我们的育人之道。

读《协调的艺术》——"柔性"管理理念的启示

当我读到《协调的艺术》时，我联想到了以前读过的《鞋子理论》里面有这样的一个情景：来参观样板间的客人进来的时候，鞋子向里，而临走时，客人们发现鞋子向外。初建龙湖集团的董事长吴亚军解释说："这就是我们龙湖的换位思考理念，一切事情都要站在客人的角度着想！"这件小事和这句话使原本并不看好这个小公司的地产大亨们为之一惊，由此他们看到了这个企业明天的辉煌。

这让我想到了那几个我一直在思考的问题：如何协调好年级与各部门之间的关系，减少"内耗"？如何协调好各学科之间的关系，增加"产能"？如何调动师生的内在积极性，实现"高效"？如何协调好学校和家庭之间的关系，实现和谐共进？

我感觉到"柔性"管理可以是这些问题的一个有效解决途径。有效协调的前提是换位思考，而后再制定双赢的"柔性"策略。通过实施"柔性"策略实现有效协调沟通，所有运转才能做到"节能减排，高效低耗"，才能使所有的精力、热情、干劲都朝向一个共同的目标，起到事半功倍的效果。

基于此，我认真总结反思自己在"柔性"管理方面不足：其一，沟通前，缺少"柔化"构思准备；其二，沟通中，言语"柔"性有待增强；其三，倾听耐心欠持久；其四，沟通后，跟踪效果不及时。于是，我制定了改进措施：预先"热身"，充分准备；换位思考，推己及彼；"知"人善"认"，走入心灵；正人正己，容人容事；以柔克刚，刚柔相济；后援团长，共对困难。

这些学习和反思应用到教育教学管理的实际工作中起到了良好的效果。此处仅举一例。有一次，两名学生因琐事发生冲突，其中一个学生的家长觉得自己孩子受了委屈，异常冲动、愤怒，要找另一位学生算账。看到年轻的班主任招架不住又将影响到教学环境，我把这位家长请到我的办公室。先给他泡上一杯茶，笑着说"您说了半天了，喝点水吧！有什么不满，您坐下慢慢说"。此话一出口，那位家长说话的音调马上降了下来。我继续柔声地说：

"孩子受了委屈，家长肯定心疼，我们老师也心疼啊！可孩子之间有了矛盾，家长出面交涉，就减少孩子之间独立解决问题的锻炼机会。况且家长们又不能跟孩子一辈子，您看这件事是不是该让孩子自己面对呢？再说了，孩子之间的矛盾，只是一时的，过了今天可能就忘了，明天又是好朋友了。可是如果家长要介入，这事情的性质就不一样了。再说了，在学校，孩子们自己解决不了的问题，不是还有班主任，还有我吗？"听到这些话，这位家长马上连声说是。之后的问题解决过程就不必赘言了。

我的感悟："柔性"管理理念不意味着当个没有原则"和稀泥"的"和事佬"。它是让管理者带着"耐性"去开展工作，从而创造出更人性、更理性、更协调的解决问题的环境，最终达到有效管理的目的。

读《领导者用人新理念》——启用"素人"的管理启示

读罢这篇文章，掩卷思考，我联想到我们学校的现状：有多位老师身兼数职，既是学校的教研组长，又是年级的备课组长，还是班主任，有的还是教代会代表，等等。身兼数职的老师们倾尽全力完成任务，难免会在工作的质量上打一些折扣，更重要的是这些老师们的身体疲惫不堪。试想，如果把一些任务和职责分给不同的老师，尤其是年轻老师，甚至那些没有经验的"素人"来承担，能发挥每个人的长处，调动更多人的积极性，让他们在干中学，学中干，促进青年教师迅速成长，岂不更好？我这个管理"素人"不就是这样一路走来的吗？

于是在梁栋副校长的指导下，我进行了尝试，收到了预想的效果。这启发我，在以后的工作中，不但要善于发现新人、起用新人，并且要为更多有潜力的"素人"提供有挑战性的工作、提供成长和发展的机会、提供指导和培训，让他们发挥出自己的潜能，为一中做出更大的贡献。

读书确实带给我很多收获，尤其是带着问题边思考边读书，读书就更有意义。但是，读书学习不能急功近利，功夫要下在平时。读"无用"的书籍，做"有料"的灵魂，这是我的追求。

第二节

在管理中探索

从我参与学校的管理工作开始，我就一直在思考"什么是管理？""如何做好管理工作呢？"

通过不断的理论学习，我体会到：管理是一种有价值和道德取向的工具，它是与人打交道的工作，因此管理者在此过程中必须面对包括他们自己在内的复杂人性。优秀的管理者能够激发和释放人们固有的善意和潜能去为他人创造价值，而不是利用人性中的弱点去操纵和控制他们达成个人和小集团的目的。

我逐渐明白了管理工作的真谛。它既不是"胡萝卜加大棒"，更不是世俗观念中的"位高一级压死人"。管理是通过管理者的智慧带领大家一道努力克服困难，以很少的代价去实现既定目标的过程；是通过各种举措处理好各层面的关系，使参与者愉快合作，共同成长，获得最大收益的过程。这需要管理者有独特的人格魅力，有清晰的思维及洞察力，有科学的协调能力，还要有机智果敢的决断能力。

虽然我走上了管理的岗位，但是我认为我和同事们仅是工作关系和责任分工发生了变化。为了做好我的管理工作，我尝试探索了多种方法，也赢得了老师们的信任和支持。

"紧盯"，可取吗

我读过一份管理学的研究报告，其中谈道：在管理职能中，组织成员60％的才智都是由计划、组织、决策、控制等职能激发的，但唯有以身作则的领导职能可以引发其余的40％。

作为管理新手，如果我每天身处日常教学一线最前沿，就能够掌握教育教学实时动态，这样就能在管理中抓住先机和主动权。即使起不到我预想的效果，也没有任何损失，就当锻炼身体了！

于是我日复一日地转早读，转办公室，转楼层。

有些人说"盯年级"是没啥技术含量的工作，可我想试试看。转着转着，我对年级就有了全方位的了解；走着看看，我就发现了工作中存在的问题；聊着谈着，我和老师们就成了一个利益共同体、一个战壕里的战友。

无论遇到什么问题，我随时随地出现在老师们视野里，在同事们身边。虽然我未必亲自参与解决问题，但我是他们的坚强后盾。这极大地调动了老师及班主任们的工作热情。同时，学生们也感受到了年级领导的敬业精神，激励了他们的拼搏进取意识。

我的感悟：对缺少经验的新管理者而言，"勤转、紧盯"的"笨"方法，反而是最有效的方法。在这耗费时间和精力的"盯"中，我收获了"情报"、信任、信心和策略。

情绪要"关进笼子"吗

人的情绪会随着自身所处地位及环境的变化而变化，这是很正常的现象。作为管理者绝对不能任性做事，但这不意味着管理者没有喜怒哀乐。

在老师学生取得成就时，我会喜形于色，分享他们的成功和喜悦，为他们自豪喝彩，这是对他们努力付出的肯定和激励。他们会看在眼里、记在心

上，这会成为他们新起点的一个动力。

遇到难题和委屈时，我会努力及时调整，并舒缓情绪，使自己保持沉着冷静的状态。我深知负面情绪于事无补，不如调动各方面积极性找出办法解决问题。每当因工作上出现的问题而一筹莫展甚至焦虑时，我认为其实这是个信号，是提醒我"内存"不够了，该向导师学习、该与同事们沟通、该反省自己了。利用好这些负面情绪，能帮助我判断工作中究竟是哪里出了问题、找到问题的根源并寻求解决问题的方法。

我的感悟：学会用情绪帮助自己诊断问题，这是我作为管理者成长的一个途径。所以我与情绪成了好"朋友"，而不是把它"关进笼子里"。

"亡羊补牢"晚吗

"亡羊补牢"的故事中，丢失了的羊，很难再被找回来。修复羊圈也需要一定时间，破损的羊圈又很难确保安全。那还有修复的必要吗？

追求正确决策是每个管理者的目标。但作为新手，工作中难免出错，出了问题能及时弥补，及时纠正，这就是提高和进步。因此，我养成了每天晚上都把一天的工作在脑子里过一遍的习惯。通过"复盘"发现、反思、反省、纠正，这成为我日常工作的一个重要组成部分。反思能帮我去除心中杂念，清晰地判断和理性地解决问题。虽然从发现偏差到采取更正措施之间可能有时间延迟现象，实际情况可能已经有了变化，但它可以避免这类事情再次发生。这就是人们常说的"亡羊补牢，未为晚也"吧！后来我才知道这一行为在管理上被称为"反馈控制"。

记得我任高二年级主任不久，一位青年老师找我请假，想随高三老师一起参加教研室组织的高三年级教研活动。我考虑到她带四个班的课，又不是本年级的教研活动，于是给她说明原因之后，没有批准。她自己似乎也觉得不妥，并未有什么不愉快，这事儿就过去了。可是，我总隐隐感觉内心深处有个声音在挣扎。

忙完一天的工作，回到家里我静下心来反思这件事情，确认这件事自己处理得不十分得当。我当时主要是考虑到四个班的课没人上会造成损失，但并未考虑其他的补救措施。比如，耽误的课可以补上，或者布置具体问题给学生自学的机会等等。我草率的决定是不是会给这位积极上进、对职业理想有追求的青年老师泼了冷水？我自己在年轻时，不也是主动向教研员申请参加各级各类教研活动吗？我怎么没能理解这位跟自己年轻时一样积极学习的青年教师呢？只有教师的不断成长才能有学生的更快进步啊！这真是我在管理中的一个失误！

虽然木已成舟，但我必须"亡羊补牢"了。自此之后，所有教研活动，不管任何级别的，我都尽我所能大力促成，目的就是为老师们提供更多学习提升的机会。

我的感悟："未雨绸缪"自然妙，但"亡羊补牢"不可少。而为了减少或避免"亡羊补牢"的事再次发生，我要重视自身"应急机制"能力的提升，有"预案"，有"备胎"，这能让我的工作做得更完善，更高效。

领导要"威严"吗

上任初期，我脑子时刻绷着一根弦：工作要细致，要树立威严，要先正己再正人。所以，每天一脸"严肃""一丝不苟"地忙碌。某日，有位老教师跟我开玩笑说："那个爱说爱笑的小龚，现在做了领导，这不怒自威的神情，老师们都有点不适应了。"这话着实令我一惊。

我一直自认为是个"古道热肠"、有"温度"、有"人情味"的人，这"威严"的"小龚"是真我吗？

我深深地反思自我：在教师眼中，我是"不怒自威"的领导，他们的心就会在"千里之外"，他们的言行就会"小心翼翼"。我真的要做这样一个"威严"的领导吗？我想起了家父的教诲："你走到哪里，都不能忘本。""做人敬老爱小，做事磊落尽心尽力。不能因为职位变了，'脸色'也跟着变严肃啦。"是呀，我是在老教师一手引领下成长的，我有必要"装"吗？再者，虽然我现在是管理者，但从前做普通老师时，我喜欢"威严"的头儿吗？是因为领导的"威严"我才会努力工作吗？看到领导"严肃"的脸庞，我会将它解读为"严肃"的内心。我不喜欢、我更不能做"我不喜欢的"那种领导。更何况我们学校的老师们都是高素质的人，不用扬鞭自奋蹄，我为什么要"一脸的严肃"呢？

马上行动，"复活"本我！从微笑开始，带着"朝阳"，努力使每个工作日都是"阳光灿烂的日子"。

对老教师，细微之处显尊敬。出门入户，为老教师掀帘开门让步先行；日常拉家常、聊天中，老教师们把心里的话倾诉给我听；关心教师的身体状况，倡议并加入大课间健身活动；主动征求老教师们对我们管理工作的意见和建议。在这些无拘无束的交流中加深彼此的了解与信任。他们纷纷献计献策，助我一臂之力。

对青年教师，搭建平台显真情。我从青年教师的发展出发，多为他们创造专业学习及展示的机会；把"青蓝工程"落到实处，组织青年教师拜师学艺；对青年教师的优点和长处，我毫不吝啬地表扬，对他们的缺点与不足，推心置腹交谈；尊重他们的个性思维及独立人格，使他们工作中满怀信心地施展拳脚；操心青年教师的情感问题，牵线搭桥，努力使他们安心又舒心地工作。

我的感悟：在工作中，管理者的"威严"应是严于律己、以德服人、高效管理、言而有信，而不是"装威严"。有"温度"有"爱"的管理者应是实实在在地用心、用情、共情、换位思考，不是靠"我觉得"，而是要老师们发自内心地说"确实是"。

第三节

在管理中传承与创新

创新，是人类进步和发展的灵魂，是社会变革、更新、发展的动力源泉。实现创新发展的关键是创新型人才的培养，学校是创新人才培养的"摇篮"。

"教师幸福发展，学生快乐成长"是我校的办学特色。与时俱进，更新管理意识，创新管理手段，优化管理结构，使学校各种机制为学校的发展保驾护航，这是我们每个管理者的责任。

作为中华人民共和国成立后创建的一所市级重点中学，几十年来，我校坚持"校以师为本，师以生为本，生以发展为本"的办学宗旨，积累了比较完善的管理体系，积淀了深厚的历史与文化底蕴，为国家培养了大批优秀人才。

然而，随着我国政治、经济，文化、科技等的迅猛发展，随着新课改的不断深入，随着"千禧年"后出生的学生进入校园，管理者该如何在保留我校原有的管理机制中优良传统的同时，又能根据新的形势，新的问题，对管理要素进行扩展、更新、重组、优化，以形成新的管理格局，产生新的管理效果，从而更好地培养创新人才呢？

近些年来，我校从上到下，每个管理者，每个部门，每个年级，每个学期都在思考、尝试、探索、行动。

作为主管年级的负责人，我带领我的团队本着"先把常规工作抓牢、抓实，创新工作积淀成传统，在继承传统基础上再创新"的原则，遵循"扁平化管理与团队式引领、民主管理与制度化保障、人本管理与学术型引领相结合"的管理理念，针对学校实际，从不同的切入点，以不同途径和方式，深入挖掘创新资源，寻找适合本部门教育教学管理的创新点，以适应社会变迁和教育改革创新的需求。我们研讨、规划、实施了一系列的管理创新举措，取得了很好的效果。

有一颗心，能与你同频共振——温情快乐"一家亲"

"以人为本"是杨村第一中学一贯坚持的管理宗旨，教师是学校发展最重要的资源。我们尊重并欣赏每位老师的个人价值、个性和能力，通过各种途径，营造让每一位教职工感到愉悦、尊重、和谐、进取的氛围，激发他们工作热情、想象力和创造力，从而进入个人发展与学校发展完美结合的最佳状态。

我一直围绕着"激励关怀、凝聚人心、激活能量"这个原则，把学校的常规工作切切实实落到实处，并在组织、设计、开展各种活动时力求有突破有创新。在我分管的年级中，努力营造出家庭般的温暖氛围，我们相互理解、相互包容、相互支持，在工作中充满温情和快乐，像一家人一样和睦、共进。

我来做"体委"

身体健康是教师幸福感的重要源泉。我校老师们敬业而认真。由于他们常年伏案备课、查资料、批改作业，舍不得抽出时间锻炼身体，很多教师都患有颈椎病、腰椎病。为了减轻老师们由于紧张工作带来的疲劳和压力，减少颈椎病和腰椎病的发生，我校提出"每天运动一小时，幸福工作三十年"的口号。

为让教师们积极参加体育锻炼，我在管理中认真谋划，与体育组的老师们一起创意、策划、组织开展小型而多样的体育锻炼项目，如跳绳、踢毽、健身操、广场舞等。每到大课间，我就成了"体育委员"，去各个办公室招呼大家"跳舞去喽""要舍得耽误大课间时间去锻炼啊"。我还跟大家开玩笑说："不会健身的老师可不是好老师哦。"老师们看到我这样热情邀请，便纷纷放下手中的工作，一起锻炼身体。

随着音乐响起，老师们迈开腿儿，扭扭腰，甩甩臂，抻抻筋……身处在运动的群体之中，我看着老师们幸福洋溢的笑颜，灵动的身姿，优美的舞步，协调的动作，享受着那份工作之余的放松，我感觉前期所有的辛苦付出都是值得的。

每天这短暂的大课间二十分钟愉悦了身心，丰富了教师的课余生活，增加了老师之间的交流，老师们的"幸福感"倍增。只要老师们练得开心，我很愿意做个"课间体委"。

我来做"联络"

我在给年级老师们开会时常说："我们是一个大家庭，为了一个共同的目标走到一起来了，这是难得的缘分。我很珍惜这份缘分，无论哪位老师工作或生活中需要我帮助，您一定告诉我，不要客气。"

我一直认为，如果老师们在遇到这样或那样的问题时，能想到我，求助于我，这是对我莫大的信任。我要尽我所能地帮助，才不辜负大家与我一起兢兢业业地工作、早来晚走的辛勤付出和默默无闻的奉献。我是这样想的，这样说的，也是这样做的。

一个寒冷的冬夜，已经九点多钟了，我接到一位年轻女老师的电话："下了晚自习回到家，发现暖气跑水了，屋里都是水，这可怎么办呀？"她是一位来自外地的女老师，孩子年幼，爱人又出差，我听得出她的语气中的焦急和无助。我告诉她："别着急，先打手电把暖气外截门关掉，我马上联系维修的师傅。"

我有一个习惯，留心记录各类生活信息，在老师们有各种需求时，多数情况下我都能提供些许帮助，比如废品回收师傅的电话，哪里能配钥匙，哪里能修手机，哪里有手法好的按摩师傅，等等。我马上联系到以前曾经为我家干过活的水暖师傅。虽然已经是晚上九点多钟，维修师傅二话没说赶往同事家里，帮助修好了暖气。最令人感动的是，这位师傅竟然收了很少的维修费。他说："虽然我靠这份工作养家糊口，但是老师您这么晚才下班，辛苦地辅导学生，这值得我敬重；虽然我孩子不在一中上学，但我能为一中老师做一点事，也是很高兴的。"由于这位善良的水暖师傅执意不肯多收一点钱，我们那位老师执意送师傅一箱牛奶表达谢意，在她再三劝说下，师傅才收下。

随后，这位老师满怀感激地给我发微信说："问题解决了，您帮我联系的这位师傅真好！生活中总有意外的温暖，让我在寒冬里感觉春意盎然。"是呀，这位师傅淳朴的话语和行动恰好说明了：每个"小我"，为别人做点力所能及的事情，就成就了社会中的"大我"的价值，并能够让这份温暖传递给更多的人。

让婆婆打电话

健康和家庭是每个幸福人生最重要的因素。作为管理者，我时时嘱咐老师们：学校的教学工作虽然很重要，但是当健康和工作做选项时，健康永远是第一位的。决不能以牺牲个人健康和家庭幸福为代价追求所谓的"大公无私"。这是不符合"以人为本"管理理念的。

记得有一年，我在高二年级做主管工作。有一位工作认真、努力，特别受学生及家长喜爱的女老师，在期末考试前一个月打电话向我请假休息一周。得知她刚刚怀孕，发现有了流产的征兆，我马上说，"给你两周假，安心休养身体，别担心工作，我会安排好的。"但是才过一周，这位老师就打电话告诉我说下周要来上班。我知道她是因为责任心强，担心给学生落下的课太多，会影响学生的学习。所以我坚持她再多休息一周，可这个老师执意不肯。于是我以一位母亲的语气对她讲："孩子的健康是一个家庭最大的事情，修养好身体，生个健康的宝宝是你目前最重要的任务。你的学生们都很懂事，很努力，课都由其他老师带着呢，你放心吧。"为了让她踏踏实实再休息一周，我说："如果你非要上班，让你婆婆给我打电话。"在我的劝说下，这位老师最终同意多休养一周。休假期满后，重新站上讲台了。

几个月后，她顺利生下一个健康的胖丫头。我由衷地为她感到幸福。

"龚妈妈"好

我从做班主任起就有一个习惯：夜里醒了会拿起手机看一眼，以防班里住校生有什么事情需要我处理。

一个清晨，我醒来后习惯性地拿起手机。突然发现我校一位年轻女教师在朋友圈里发出了"寻药"的求助信息。原来她的小孩病了，需要一种不贵但是不常见的药。

隔着屏幕，我能感觉到这对来自外地的小夫妻那种焦急的心情。马上转发朋友圈，呼吁朋友圈的亲朋好友们尽一切可能提供帮助。同时，我拨通了这位老师的电话，告诉她说："别着急，现在咱们的老师、学生、家长都在行动，相信马上就能有好消息。"

随后几乎学校里的所有老师都加入了这场寻药、寻找医院、联系医生的爱心行动中。通过大家的共同努力，我朋友圈里的一位爱心姐姐帮助找到了药，医生也在同事们的帮助下联系上了，孩子得到了及时就诊。健康很快又回到了孩子身上，灿烂的笑容荡漾在他们一家三口的脸上。

转眼两三年过去了。某日下午放学后，楼道里，看到这位老师走过来，她的身旁有一个可爱的小男孩，也跟着蹦蹦跳跳地走过来。她走到我跟前，冲着小男孩说："儿子，快说龚姨好。"出乎预料的是，这孩子竟然脱口而出"龚妈妈好！"我和他妈妈一下子愣住了。我内心一股莫名的感动，或许冥冥之中，我和这个孩子真是有缘。孩子在全体老师和家长的共同努力下得到了及时治疗，而我只是他们中的一分子而已，竟得到这般崇高的"爱"的回报！

我的感悟：特别喜欢全国百强县委书记陈行甲先生的一句话，"我愿意接受人民的情感贿赂"。我相信，当我的管理工作中充满了"正"和"爱"的能量时，我就会加倍得到同事们的"情感贿赂"。在这样一个温暖如一家人的集体中，我有什么理由不为他们着想呢！我有什么理由不尽心尽力工作呢！

有一面墙，能让你心舞飞扬——"空气"中氤氲文化

马克思说："人创造环境，同样环境也创造人。"鲁迅先生说："要想造就天才，首先必须准备天才生长的土壤。""天才生长的土壤"环境分为硬环境和软环境。

我校历来重视校园文化育人这个软环境。无论是在硬件条件相对落后的泉州路老校区，还是在 2013 年迁入的现代化、园林式的新校区；无论是做班主任工作还是管理工作，我都重视环境中文化的植入，这既是我校的优良传统，更是我的职责。尤其是在 2014 年去南京金陵中学的考察学习中，看到校园文化作为一种环境教育力量，在学生健康成长过程中散发着巨大的影响，我更深深感受到，文化的价值在于创造，在于铸造人的精神和灵魂。从教育的过程来看，教育是利用文化对学生的精神和灵魂施加影响的过程，也是一个有目的、有计划的文化传授过程。从教育的环境来看，文化为学生的成长提供了滋养，营造了宁静心境，提供了成长和发展的动力。文化育人是通过文化来充分释放生命的潜质，其中孕育着深刻的教育内涵。正如教育家苏霍姆林斯基所说："孩子在他们周围——学校走廊的墙壁上、教室里、活动室里、经常看到的一切，对于他们精神面貌的形成具有重要的意义。"

基于此，我反思自己工作中存在的问题，并在我所分管年级中加大文化育人、文化创新管理工作的力度。利用学校可以利用的一切硬件条件打造办公室、班级、宿舍、楼道文化软环境。以"循主题，创意境，展才艺，凝学

识，修心性，尚品位"为原则，在各个班级中展开了文化大创意活动。这项活动取得了很好的效果，被其他年级相继效仿，进而成为学校文化创意建设的保留项目。

办公室——交流合作的"驿站"

先来赏赏文史办公室的"风情"！文史办公室里美女帅哥们的工作、生活中的写真照片，那一张张"工作着并快乐着"的幸福的脸庞，那呼之欲出的神采，那个性分明、特点十足的点睛介绍，那饱含哲蕴的小诗笺，配以"心游万仞文学梦，思接千载历史情"楣批，真是太美了！看——

千年的时间之涛，

无休地冲刷着华夏的历史。

拈一卷小册，

把一盏香茗，

让人不禁感慨——

语文与历史似乎有着藕与丝般斩不断的情缘。

语文正是伴随着的历史的册页，

翻过一页页春夏秋冬，

顷刻间千秋更替，

方寸地万里河山。

三五语话尽天下，

七八篇博览古今。

语文历史——

你中有我，

我中有你。

这样的文字，这样的意境，这或曼妙或挺拔的身姿，这么契合的文史"相恋"，课间疲惫时，轻吟一句，瞩目一刻，品咂一瞬，顿时让人感到心旷神

怡，心情起舞，怎一个美字了得！

再来赏赏理化办公室的"理性"。一块展板上"用心做事，打造品牌课堂"几个大字赫然醒目，下面设计的是提高课堂教学水平的"十问"反思：

我的课学生是否欢迎？

我的课有哪些可改进的地方？

我的课和同头教师比排在什么位置？

我的课有哪些优点？

我的课有多少自己的东西？有多少是拿来主义的东西？有多少是讲过两遍几乎没有变化的？

我是否总在反思自己的课？

我如何备课？我花在备课上的时间是多少？

我的教学手段是否多样？

我的教学反馈是否及时？是否客观？

我是否从同头教师那里总能受到启发？

展板的最下方，一行醒目的大字：珍惜每一节课，把每一节课都当展示课来上，让我的课成为学生的期待！

……

如果说文史办公室的展板一面是诗，那它的另一面则是远方；如果说理化办公室的展板一面是思考，那它的另一面就是追逐远方的脚步。

那块展板展示的是教师们的学识、修养、态度、追求。这些"会说话"的展板赋予了空气"温度"，提升了空气中"氧分子的含量"，使冬日的严寒变得温馨，夏日的炎热变得凉爽，阴郁的日子变得明媚。它伴随着每个日出日落，浸润着出入其中的每位师生。

教室——心智"健身房"

教室是学生日常学习的主要场所。我在年级管理工作中提倡各班打造"成长文化"，并强调创意中突出成长叙事和健康发展为主题的内容。每个学期定期评比，使优秀作品得到展示并奖励，使学生的创意热情得到持久的激励和激发。

新学期伊始，如何寻找教室布置的灵感，充分利用好教室的各个角落？各个班级各显身手。

看这个班，班训：彩虹风雨后，成功细节中。文化墙上分出不同"责任田"："大写的我"——"点赞"学习生活中身边的榜样；"小草对话"——讲述同学间友情或轶事；"寻找路标"——学习中困惑或感言；"我在这里"——任课教师及班主任寄语。

再看这个班，班训：引物做弓，化生为箭，吾理世界，奇迹再现。"我的大学"——每个学生奋斗的目标；"对自己说"——未来的我写给现在的我一句话；"丛林历险"——失误及问题反思；"苑海拾贝"——哲理小文赏析。

哦，还有这个班，班训：先做人，后求知。"梦想之树""信息之窗""班级之星""韶华之思""创意之角"。

哇，这个班的班训：对未来最大的慷慨，是把一切献给现在。

还有，今天的所有懒惰都会换来明天的卑微，永远不抱怨，一切靠自己。

还有，还有……

在教室文化的创设过程中，学生主动参与，创意、修改、实施、品读、体验等环节极大提升了学生在动手、动口、动脑、协作、竞争等方面的能力，逐步学会了体验生活和人生，反思自己，超越自我。学生置身于这样的文化氛围中，思想得到了丰盈，心灵得到了净化，品格得到了升华，创造性得到了激发，特长得到了展示，自我认知得到了满足。他们在这个"健身房"里，进行大量的"有氧运动"，心智变得越来越"强壮"了。

楼道——心绪"风景线"

为了充分发挥教学楼楼道的文化浸染作用，我反复思考，用心琢磨，与音体美及心理学科教研组老师们沟通商讨，获得他们的全力支持，选出学生的硬笔、毛笔书法作品，学生的绘画作品装裱入框。另外，还征集教师寄语、任课教师的个人照片、各班同学自勉格言等，以展板的形式悬挂在楼道的最佳位置。

这一幅幅出自身边同学的令人心神荡漾的画作，一篇篇或娟秀或遒劲的书法作品，一句句老师们精心挑选的格言古训，一张张端庄亲切的任课教师漂亮的照片，一条条直击心灵的悟语，使匆匆的脚步平稳了，使疲劳的双眸明亮了，使萎靡的情绪清爽了，使"疲软"的信心倍增了。无论课前、课间、课后，学生们走过楼道，都是在做一次心灵的旅行。

宿舍——心灵"加油站"

宿舍文化涉及学生生活与习惯、包容与理解、友情与合作等诸多方面，属于校园文化不可分割的一部分。学校的管理者有责任和义务去推进宿舍文化建设，积极引导和推动高中生形成良好的生活、行为习惯，提升他们与人愉快合作共处的能力。

来感受一下各个宿舍"舍训"的创意温度吧！"舍我其谁"；"我爱我家"；"斯是陋室，唯友温情"；"相识、相知、相容"；"一室不净，何以净一生，一语不雅，何以雅一世"；"同一宿舍，同一信念，同一梦想"；"因为爱家，所以爱大家"……

再看看各宿舍的动物"舍标"及解读吧："穿着睡衣的小老鼠"——我们从容机敏；"穿着丝袜的小兔子"——我可不会半路睡觉；"戴帽子的恐龙"——我们是世界主宰；"滑滑板的乌龟"——看我跑得快多了；"爬树

的企鹅"——只有想不到，没有做不好；"巡游小王子"——我的玫瑰花，一定找到你……哈哈，"上蹿下跳的"小精灵们，千奇百怪的"歪点子"。看看这些孩子们真能想，真会想。

我的感悟：通过这几年我在年级进行的创意文化活动，我对"校园文化是学校管理者最高层次的追求，是一个学校的灵魂"这句话有了更深的感悟。它绝不是"虚无缥缈"的"花架子"，它是提高学校整体素质和核心竞争力的重要手段，对于培养学生创新思维能力有很大的促进作用。对于思想活跃、潜能无限的高中学生们而言，校园创意文化不仅给他们提供了挖掘潜能、塑造品质、展示才艺的好机会，更有利于同学们在文化中体会成功，快乐学习，感受成长，学会做人。

有一扇窗，能让你满目修竹——"师说"里实时成长

我爱竹，欣赏竹，崇拜竹，赞美竹。最初，这是因为我特别喜爱王羲之《兰亭集序》的名句："此地有崇山峻岭，茂林修竹。"

在成为教师之后经年累月的工作中，我越来越深刻体会到："修竹"的"未曾出土先有节，至凌云处尚虚心"的特征不就是我们教师在道德修养、专业追求上应该具备的精神与品质吗？如何在新的形势下，通过我的努力使我带领的教师队伍成为"学深""品正"的"修竹"呢？

我想到了中学时背过的韩愈《师说》中的一段话："古之学者必有师。师者，所以传道授业解惑也。人非生而知之者，孰能无惑？惑而不从师，其为惑也，终不解矣。生乎吾前，其闻道也固先乎吾，吾从而师之；生乎吾后，其闻道也亦先乎吾，吾从而师之。吾师道也，夫庸知其年之先后生于吾乎？是故无贵无贱，无长无少，道之所存，师之所存也。"

可以说我一路走来，慢慢成长、不断成熟都得益于"师说"。做学生时，老师的谆谆教导使我摆脱"面朝黄土背朝天"的命运；做教师后"师傅"的"倾囊相助"使我"抄近道"，一直行驶在教育教学的"快车道"；做管理

工作后"导师"校长们的"四两拨千斤"的引领使我"耳聪目明",知道了"此地有崇山峻岭,茂林修竹"的深层含义。

基于此,我把"师说"定位为落实及创新教育教学管理工作和培养青年教师成长的抓手。

推门课

为了切实掌握教育教学管理的一手资料,全面了解教育教学情况,加强教学监控及引导,促进教师专业成长,提高课堂教育教学的实效性,我在年级范围内深入课堂,随机去听老师们的"原生态"的"推门"课。

老师们的课,各有各的精彩,我很享受这欣赏和学习的过程。然而有一天,我却发现一位老师"被青春撞了一下腰"。

随着上课铃声响起,我悄然走进一位年轻老师的课堂。那单一的教学内容、反复机械的操练,使学生们木然、漠然。那些课间的"激情少年"没多久就变成了"私塾童子"。再看看老师,则变得越发紧张局促了。

我边听课边思考:这只是个例,也很可能是一种偶然,该采取什么方式呢?我想到了在指导我教育教学管理工作时,梁校长所采用的"微创"式"师说"方式。

下课了,她满脸通红地跑过来,内疚与忐忑的神情写在脸上。我关切地说:"是不是最近有什么事,让你分心了?"她嗫嚅着,脸红了,低下头。我继续说:"今天听了你的课,让我想到了一首老歌的歌词——我被青春撞了一下腰,撞得飞花都随白云飘。"她困惑地看着我,"您……"我继续笑着说:"那我来给你解释解释。我们从事的是一份很特别又很严谨的工作,每天都要按时到同一地点去赴一场责任与爱的'青春约会'。今天,'青春'发现来赴约的人'腰劲'不足,他们就故意'撞'了她一下,结果她就有点'飞花随云飘'的小狼狈"。她心领神会地立刻说道:"您放心,我一定长'腰劲'。"

　　我相信她能在这种"师说"中有所认识和感悟。她也确实做到了。后来，在年级组织的"同课异构"总结会发言时，这位老师深有感触地说："这几年教育教学的经历时时提醒我在任何情况下，都要用心、用情对待每节课，要以最虔诚之心敬畏每节课！"

　　现在这位教师已成长为学科教学骨干，深受同行的称赞和学生的爱戴。

"最强大脑"在行动

　　对于刚刚走上讲台的青年教师来说，面对新的教材、新的班级、新的学生，虽有满腔热情却无经验可凭借，每个学期的开始，她们总会感觉忐忑不安。

　　为了帮助青年教师快速成长，首先，我把已有的"青蓝工程"和"导师制"教师培养模式充分落到实处。举行正式仪式，签订师徒培养协议；提交师徒共同商议制定的培养目标；监督"传、帮、带"实施过程；学期末，总结反思"帮带"效果；表彰优秀师徒并由他们做经验介绍。通过这一系列措施，把师傅丰富的教学经验，独到的教育教学方法，朴实严谨的教风，爱岗敬业的奉献精神，言传身教给徒弟。青年教师通过听课、思考、改进、继承、创新，逐步形成富有自身特色的教学思路和教学风格。

　　在此基础上，我在年级全力推开"课程研究共同体"这扇窗，使教师们开动"最强大脑"。通过创设"学科在行动"和"同课异构"这两项操作性很强，实效性显著的教研活动，在既竞争又相互学习的浓厚"师说"氛围中，实现教师之间既竞争又通力合作的教研形式，提高了教师团队协作意识和创新能力，增强了教学改革的内驱力，催生教师个性化的教学风格，使"新竹高于旧竹枝"。

　　"最强大脑"之"学科在行动"和"同课异构"由学科组至少两名教师上同课异构展示课，同学科教师全员参与听课、评课活动。讲课教师在备课、磨课、说课、上课、反思、改进的整个过程中完成了从获取经验到创新自我及提高自我的过程。评课教师从分析教学目标入手，对教学主题意义的挖掘，教学内容的优选，教学方法的运用，思维品质的培养，教学效果的达成等方面给出"不含水分"的直接的、具体的、多角度、全方位的点评及建议。

在评课环节，我强调以各学科评课标准为依据，但同时要摆脱"枷锁"，畅所欲言，决不允许说"虚头巴脑"的套话。我说："大家都知道，一节课的设计，是没有标准模式的。只要用心设计、大胆探索，就值得鼓励。作为评课教师，俯下身以欣赏的眼光发现每一节课的优点对授课教师非常重要；同时，以'挑剔'的眼光真诚地指出发现的问题，提出改进的意见，这既是对授课教师的尊重，也是对自身工作的一种促进。这样的交流碰撞，不仅有利于青年教师成长，也能使所有参与老师得到收获和提高。"

在语文课同课异构"神女峰"的这堂课上，授课老师原计划安排学生利用上课前 5 分钟做演讲，然后再完成其他教学任务。实际课堂上，学生用了 15 分钟演讲，导致后续的教学未按原有计划完成。

针对这节课，评课老师纷纷各抒己见。有的说：既然计划五分钟，看已明显超时，要及时"叫停"，上课不能"信马由缰"。这体现教师控制课堂的能力，也是完成教学任务的需要。也有老师说：在课前，老师应该了解学生演讲的内容和大概需要的时间，与学生做好本课教学计划的沟通，既保护学生积极性又能达到高效。还有老师说：学生演讲用了十五分钟，而且讲得有条理，证明学生做了非常多的准备。给学生充分的时间展示，这是对学生的尊重，是符合新课标"学生是课堂的主体"理念的。还有老师说：教学任务的完成要依靠师生共同努力。学生的展示及自主学习要适时、适度，同时要建立在教学计划顺利完成的基础上。

在"师说"中，看着"最强大脑"之间的思维碰撞，听着老师们实时的反思与感悟，看着"竞争"对手之间的"巅峰对决"，我被深深吸引了，感动了。我的同事们都是多么敬业呀，他们又是多么可敬啊！

"背靠大树好乘凉"

2019 年 11 月，中华人民共和国教育部为名师领航工程学员搭建了"名师工作室"这个高端平台。作为主持人，我有责任充分利用好教育部提供的这个平台，使这棵"大树"的"树荫"惠及更广大的范围，为新时代的教育发展培养出眼界更开阔、更富于创新理念的教师队伍。

通过"教学改革研究者共同体"与"校际伙伴互助共同体"这扇窗，我组织了多次跨校、跨市、跨省级别的研讨会。让教师们看到了"修竹"不仅在"院里"也在"院外"，更看到了"山映斜阳天接水"中的"茂林竹海"。

首先，由我具体组织的大型教研活动——津沪两地"同构异表"课例探微历史教学高端论坛在我校举办。此次活动由《历史教学》杂志社主办，由我校承办，特邀天津师范大学欧洲文明研究院院长侯建新教授、历史教学专家李惠军等学者出席。津沪两地历史学科专家、教研员、全国近十个省市历史教师齐聚一堂，就"核心素养立意下的中学历史课堂展现形式""中学历史教育新一轮变革""未来十年发展方向"等主题进行深入交流与研讨，为了方便老师们的交流学习，此次论坛采用全程直播方式，全国各地几千余名历史教师进行在线互动。

本次教研活动以"课例探微"之"同构异表"为主题，将关注视点聚焦于历史课堂教师的专业语言素养，即通过在共同主旨立意和结构创意下的不同表达方式，借助一个个微小情节、微型话题、微观表达和微观演绎，展示课堂教学的精致与优雅，修炼历史教师的情态与功力，以此来促进学科核心素养真正落实到历史课堂教学中。

在课程展示环节中，我工作室成员王超老师和华东师范大学第二附属中学的王骁老师，均就"西欧一体化"的课题上了一节展示课。两位老师匠心独运，通过"同构异表"的教学形式，将历史核心素养中的"时空""实证""解释"贯穿其中，很好地实现了调动学生积极性、主动性、创新性的教学设计目标。

上海晋元中学特级教师李惠军团队的专家，就"西欧一体化"教学设计进行解读后，又对"新课改"方向及授课方式做出科学引导。天津师范大学欧洲文明研究院院长侯建新教授作"欧洲历史与欧洲智慧"的学术报告。研讨交流中，侯建新教授、李惠军老师就欧洲文明、欧洲历史及欧洲历史教学等诸多问题进行即兴对话，并解答与会老师的提问。专家们强调：历史教学要将纵横捭阖的宏大格局与"琢玉成璧"的工匠精神相结合，使材料解读与历史叙事浑然天成，材料投影与教材折射相得益彰。历史教师要将学养与素养相结合，学会从生活中发掘历史玄机，从生命中移情历史心态，从纠结中隐现历史韵味。

授课教师们"奇思妙想"的创意，诠释了"功崇惟志，业广惟勤""志之所趋，无远弗届，穷山距海，不能限也"的精致追求及创新精神，见证了青年教师的快速成长；专家们"木秀于林"的见地，"信手拈来"的例证，"谦逊严谨"的治学态度，让我们见识了"志于道而游于艺"的"大师"风范。

我和我的同行们，深受这个棵"大树"的恩泽，更倍加尊敬、珍惜这棵"大树"引来的"凤凰"们。

我的感悟：师与师之间，校与校之间，省与省之间的交流互动，就如同为我们的职业发展打开一扇"天窗"，使我们跳出"井底之蛙"思维，放眼四野，欣赏满目"修竹"。我们会发现身边老教师们专业知识的"绝活"，发现中年教师们教学设计的"匠心"，发现青年教师们教学创意的"时代思维"。这完美的"师说"队伍不只是为我们教师成长实现"一年站住脚、三年能胜任、五年挑重担、十年成骨干"这个发展目标奠定了坚实的基础，更是为我们打开了一扇终身专业修为之窗。

我认为，打开这扇"窗"，创造这个"师说"的环境很重要，它为我们提供了"往外看""听师说"的绝佳机会，使有强烈内推力的老师们快速"拔节儿"。良好的外部环境要与坚定的自我成长的信念和持久的努力结合在一起，这让我们在教育教学的道路上"竹杖芒鞋轻胜马"。

我和我的同行们会继续舞动"梦"的翅膀，在"鹏北海，凤朝阳"的伟大时代，奋力高飞在"又携书剑路茫茫"的新征程。

有一个舞台，能让你闪亮登场——"演绎"着帅气模样

每天，看着校园往来的学子们，脚步中带着梦想，眼神中充满灵性，我总会不由自主地想起一首歌《我相信》，歌里唱道："想飞上天和太阳肩并肩，世界等着我去改变。想做的梦，从不怕别人看见，在这里我都能实现。大声欢笑，让你我肩并肩，何处不能欢乐无限。抛开烦恼，勇敢的大步向前。我就站在舞台中间，我相信青春没有地平线。"

是呀，青春就是这样尽情释放能量，青春就是要有个舞台去张扬。我相信，给学生一个舞台，他们会还我们一个精彩。

"百团大战"

"百团大战"是我校学生按照学校相关管理章程，自发成立的群众性学生组织。有共同意愿和兴趣爱好的同学们，在社长的招募下走到了一起，组建了近百个社团活动组织，我们戏称为"百团大战"。

我一直认为，学生社团活动管理是学校的创新管理工作中的重要组成部分。在保证完成学习任务和不影响学校正常教学秩序的前提下，以学生为主，由学生自己策划开展活动，自己招募社团成员，利用课余时间开展各种形式的活动，交流思想，切磋技艺，互相启迪，增进友谊。这有益于学生的快乐健康成长，有助于提高学生的自主管理能力，丰富学生的课余生活，有利于学校各项工作顺利进行。

因此，我依托分管"音、体、美"三个部门的优势，在相关老师的鼎力协助下制定了"创新""文明""发展""合作"的社团招募原则及活动宗旨，我们大力支持、扶植学生社团活动。在招募成员、组织活动上给予"独立自

主"的权利;在成果展示方面,给予人力、物力、场地甚至经济支持。这极大地提高了社员的创造性、积极性和主动性,有效地促进了学生的个性发展。

每个新学期初,随着下午活动课铃声的响起,平时寂静的前广场就会热闹起来。同学们纷纷走出教学楼,三五成群地到社团"招新大会"来"赶集"。

初秋的校园沐浴在金色的阳光中,成为"招新大会"温暖的底色。同学们开心的笑脸、好奇的眼神以及激动的身影则构成了这底色上靓丽的风景。此时的升旗广场,洵訏且乐,欢歌笑语,人头攒动,荡漾着浓浓的青春气息。

社长及老社员们八仙过海,各显神通。以往只在大学校园里才有的盛况,如今成了杨村一中校园里的一道风景。

这里有丰富多彩的活动,这里有挖掘你自身潜力的引导,这里教你见微知著,这里使你对自己有更深入的了解,这里是你性格改变的跳板。这里,等待你的到来!

看看这璀璨的社团名称:晨曦文学社、影视导演社、夏墨未已 COS 动漫社、彩虹节拍舞蹈社、韩舞社、板绘社、模拟联合国、生涯体验社、传统文化社……看看这"温文尔雅"或"血脉偾张"的招募广告吧。

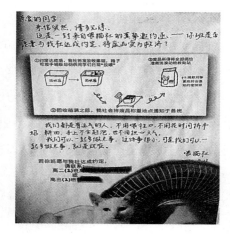

看看各个社团的"抢人"宣言吧!

芳菲文学社:杨村一中成立最早、影响最广的黄金社团!愿同你吟诗会友，愿同你畅游古今，愿同你把酒而歌，愿同你共创佳作！

辩论社：辩四周大事小事事事可辩，看我如何口吐莲花；论天下正方反方方方可论，听他如何对战四方。

模拟联合国：冷静的头脑，处变不惊的定力，据理力争的辩才，随机应变的能力，在任何时候、从事任何事业，都是宝贵的财富，偷不走，盗不来。即使不到联合国，也可以高声向世界宣言。

传统文化社：悠悠茶香，铮铮琴音，挥毫泼墨，诵出无限情。记传统，续情缘，用传统文化的精髓，守候民族的诗与远方。

吉他社：如果你也热爱音乐，如果你有双灵巧的手，来吉他社吧！用六弦琴弹拨青春的旋律，让空灵的音符奏响生命的乐章。

韩舞社：舞者如火，舔舐冰寂的呼吸；舞者如水，抚摸干涸的双眼；身体如花般绽放，灵魂永生永舞。韩舞社，一个集美貌与才华于一身的社团。演出总有谢幕的时候，但在我们年华中，舞蹈永不谢幕。

瑜伽社：吹呴呼吸，吐故纳新！在瑜伽的静修中，感受"智圆"与"行方"的辩证哲学，在樊笼羁绊中找到永恒和宁静，在瑜伽中感受屈伸的智慧。做身心健康、内外兼修的一中人。

篮球社：在苦中作乐是我们的目标，在乐中成长是我们的信仰！无梦不青春，精彩来自篮球！加入篮球社，一起引爆篮球魅力！

排球社：锻炼身体，提高球技，释放学习压力，发扬女排精神，增进同学友谊。让排球在年华中留下一条完美的弧线，让我们在球场上挥洒汗水，享受青春！

漂流手账社：手账本就像漂流瓶，记载着你的故事，表达着我的情怀，积极，有趣，充满正能量，在班与班之间，同学与同学之间传递，加入我们的社团，一起分享快乐！

推理社：不是每个人都是福尔摩斯，也不是每个人都是御手洗洁，但，一张张冷峻的面孔背后，是思维极限的挑战！真相只有一个，推理助你抵达，你是否愿意加入，和我们一起做侦探？

夏末未已 COS 社：不论是游戏还是动漫，来到这里，我们与你一起探索那充满快乐的世界。我社是杨村一中最活跃的社团之一，在众多社团中熠熠生光。如果你也想在校运会及元旦晚会上大放光彩，加入我们吧！

校园电视台：放飞电视人的梦想，悦动一中人的热情。我们用镜头定格你的个人风采，我们用视频留住你的青春印迹。一中校园电视台，新锐传媒的平台，校园新闻眼，文化艺术窗，等待你的加入！

还有民乐团、管乐团、合唱团、校园广播站、生涯规划社、陶艺社、滑板社、武术社、嘻哈社等。他们自由开朗，乐于表达，用最平白或最富艺术感染力的形式扩大自己的"战队"。

看这火爆的招募场面，那充满"诱惑"的令人心思神往的活动策划，我羡慕至极！

逢"节"必"胖"

"每逢佳节胖三斤"是过节后大家的自我揶揄，甚至无奈。我们学校每年有多个节日，我们也有这样的口头禅，但"逢节必胖"却是我们的期盼。

读书节、英语节、戏剧节、艺术节、音乐节、体育节、创新节、科技嘉年华、趣味运动会等为几千名学子提供了丰富的精神营养，为各个社团展示成果提供了绝佳的舞台。

"霓裳奏罢唱梁州，红袖斜翻翠黛愁"那曼妙的才情；"一张琴，一壶酒，一溪云"对诗文的专情；"昼出耘田夜绩麻，村庄儿女各当家"对责任的担当，"一点浩然气，千里快哉风"对青春的诠释；"感时花溅泪，恨别鸟惊心"对爱的深情……站在"节日"的舞台上，展示多姿的才艺，演绎青春的帅气。这文化的"饕餮"盛宴，真是令人"大快朵颐"。在"节日"中，"逢节必胖"那是必然的呀！

只要有"节"，我必到场"摇旗呐喊"，颁发奖品，有时还亲自撰写颁奖词。读书节上的颁奖词："胸藏文墨怀若谷，腹有诗书气自华。在阅读上花的每一秒，都会沉淀成将来更好的你。"校园歌手大赛的颁奖词："抱着梦往前飞，不逃避，不后退，成功路上自己是最坚实的堡垒。"

我还大力支持各年级团队的科技创新活动。2018年7月，我校科技嘉年华社团的几位同学，在指导老师的带领下参加了"京津沪渝中学生科技挑战嘉年华天津选拔赛"中的"智""造"项目比赛。我校参赛选手们，将"泥人张"与科技相结合，强大的应变能力、幽默的台词设计和精湛的表演赢得了评委雷鸣般的掌声。最终获得了创新奖，为我校赢得了最新机器人平台及配套课程。

通过这次活动，选手们不仅提高了自己的动手及思考能力、编程思维，获取了宝贵的比赛经验，丰盈了自己的心智，更用他们乐于思考、敢于创新、勇于挑战自我、协调合作的精神及实际行动，激励着各个社团的同学们。

"国学春晚"——我们来了

既然琴瑟起，何以笙箫默。古筝、二胡、琵琶、中阮、唢呐、长笛、葫芦丝……一袭青花裙，一身中式装，如几颗晶莹的碎玉点缀在舞台上。这就是我校民乐队社团的团员们在中央教育电视台的"国学春晚"上的精彩亮相。

为了激励学生社团的发展，展示我校社团学生们的优秀成果，我积极向《国学春晚》筹备组推荐我校民乐团的特色节目。本来是抱着试试看的心态，没想到电视台的节目组很感兴趣，很快促成了此次中央教育电视台演出之行。

我校的民乐团成立于2013年9月，这是一个热爱中国民乐、对校园生活充满无限憧憬的学生社团。现有成员20名，配置了二胡、琵琶、扬琴、古筝、中阮、小鼓等乐器。在过去的几年里，民乐团积极参加学校组织的各项活动并在各大比赛中屡获佳绩，这是他们首次登上"央视全国少儿国学春晚"的舞台，一展我校学子学艺双馨的风采。

我校民乐团参演代表作为《翻身的日子》，各种器乐配合默契，在音乐组老师们的指导和指挥下，将民族音乐的魅力发挥得淋漓尽致。录制过程中，某些节目要六七遍才能通过,而我们的节目一次性就通过了。当曲终、当导演鼓掌称赞、当其他候场师生们满满羡慕的目光投过来时,我们的队员们、老师们觉得这是一中社团的荣誉和自豪,因为它是学校众多社团的一个代表。

我的感受:一中学子不仅能学海行舟,书山克险,也可桃林曼舞,篱前赋诗;不仅能登上学业的顶峰,也能走上艺术及科技创新的殿堂。不仅能以有趣的方式宣传自己喜欢的文化,在繁重的课业中获得轻松愉悦,还能以缜密的思维和强大的动手能力奠基更美好的未来。

社团活动,扬起了"幸福学习,快乐成长"的风帆。提供一个多彩的"舞台",演绎你帅气的模样。我,快乐着你们的快乐,幸福着你们的幸福。我期待"逢节必胖"。

有一盏灯,能陪你从黑夜到天明——"风雨"中执著远航

习总书记在 2018 年全国教育大会发表讲话说:"教师是人类灵魂的工程师,是人类文明的传承者,承载着传播知识、传播思想、传播真理,塑造灵魂、塑造生命、塑造新人的时代重任。"

陶行知先生说,"先生不应该专教书,他的责任是教人做人;学生不应该专读书,他的责任是学习人生之道。"他还说:"在教师手里操着幼年人的命运,便操着民族和人类的命运。"

总书记和陶老先生的话,是对我们教师及教育教学管理工作者提出的殷切期望。聚"萤烛"之光,照亮学子前程,这是我们的使命。

我是谁

我记得中央电视台特别栏目推出过一则公益广告"我是谁"。广告中,党员们自信的微笑,展现了共产党员满满的正能量、强烈的责任感和使命感。

我常常问自己:我的"初心"是什么?我也常与我带领的学校第二党支

部的党员们讨论如何把"初心"落实到我们自己的实际工作中。我更常常被身边用实际行动诠释"初心"的党员老师所感动。

转楼层时，我从教室的门缝看到：一位年轻女教师，头上戴着纱布在上课。因意外磕破了头，她本可以等拆掉纱布绷带再来上课。难道她不介意美丽的自己在学生心目中变成这般"丑"的样子吗？我顺手拍下了她的照片。我想，若干年之后，学生们的很多记忆会淡忘，但一定会记得这位女教师最"美丽"的模样。这个画面会激励着学生们在未来各自的工作岗位上努力工作！

还有几天就要高考了。我发现某班学生人人手腕上佩戴着"幸运手链"，手握"鸿运当头"铅笔。学生们告诉我，是班主任用自己的钱给学生买的，每人一份。老师图个吉利，学生视如珍宝，因为这里面是班主任全心全意的、细致用心的爱。我随手来拍张照片沾点好运。这份爱会永远陪伴他们，也会让他们将爱心传递。

一位怀孕即将生产的女老师，直到生产的前一天还在楼道里给学生辅导功课，谈心鼓励学生。学生说："老师，我要跟您合个影，我要留下您最美的样子。"这动人的时刻我赶快收藏。

党会上，我跟大家分享这些令人怦然心动的"偶得"。其实，在我们年级里还有很多我来不及一一叙说的，或者我未了解到的感人故事。每天清晨我一到学校就看到那些兢兢业业、默默无闻、无私奉献的老师和班主任们。

的确，一中的学生们很优秀。但在优秀的学生背后，是一群默默地以自己"萤烛"之光，照亮学子们前行的道路、践行"不忘初心"使命的教师们。他们日复一日地做着"萤火虫，点灯笼"的工作，因为他们清楚地知道"我是谁"。

这是谁

心理学家威谱·詹姆斯认为，一个没有受过激励的人仅能发挥其能力的20%至30%，而当他受过激励和欣赏后，其能力可以发挥80%至90%，可见激励的存在至关重要。

在我刚开始做年级管理工作时，一次观看电视节目《感动中国》，我突发奇想：如果在各种节日、竞赛、考试的颁奖中，也采用颁奖词的方式，表彰优秀的学生，那也一定会收到良好的效果吧！

于是，我和相关老师一起设计流程，打磨颁奖词。

先在英语节、读书节表彰会上试行。先宣读颁奖词，大家猜这是谁？然后这位同学在大家的猜测与期盼中款款走出来。那份神秘感，那份期待，那份激动人心，好有仪式感！

来听听英语节表彰会上写给一位学生的颁奖词："你沉稳而又不失活力；你活泼而不失严谨；你冷静而不失热情。你学习上一丝不苟，勤勉踏实；你做事规范，有条不紊，持之以恒。字如其人，清丽秀气。你有最健康的肤色，有洁白的牙齿，有飘逸的长发。你的坚持，你的努力，写在你自信的脸上。这个第一，你当之无愧。这是谁？"

再听一段读书节颁奖词："朴实是你的砖，勤奋是你的瓦，脚踏实地是你的黏合剂。你谦逊内敛，谈吐儒雅，思维缜密。你话未出口，眼睛先笑，嘴角上翘。静对好书成乐趣，闲看云雾会天机。这是谁？"

一段颁奖词，一次闪亮登场，一次舞台上的聚焦，学生们享受了努力带来的成功和快乐，成了这个舞台上此刻那最耀眼的星。这对获奖学生来说，是多么感动的事情呀！对参加颁奖的其他同学来说是一件多么激励人心的事情呀！

小小鼓励卡

因为颁奖词的成功尝试，我有了新的想法：一个节日，一段颁奖词就如同一颗小星，光芒毕竟有限。如果我们所有老师，所有学生都行动起来，就会让"星星点灯，照亮了我的前程，用一点光温暖孩子的心"。

我提议由各年级班主任牵头，各科老师和同学们都行动起来。"鼓励卡"就这样诞生了。每次考试后，每位学生都可以收到来自老师或同学亲手书写的一张鼓励卡。五颜六色的卡片上，有中肯的评点、殷切的期望、诚挚的祝福，有充满个性的亲笔签名，有的还带有手绘图案。角度不同、风格各异。

语文老师给一位同学的鼓励卡中这样写道：你是个初看普通，细读细品很有潜质又很有气质和品位的女孩！不张扬，不矫情，不造作，能俯下身来看"风景"，能谦卑下来看"人生"，很喜欢你的内敛与沉静。离高考仅有三个月了，成绩有起伏属正常，坚信自己，平凡却不普通，执着一定能创造奇迹！老师更希望你的作文在宽度、广度、深度上有新的突破。我们一起加油，努力！

再来看看另一位老师写给同学的寄语：很喜欢看你的《茶语人生》，感觉你也像茶一样散发出幽幽的芳香，沁人心脾。看来你对茶语参悟很透，那就再送你"三道茶"：一苦二甜三回甘。此时也许你喝到的正是微苦的这道茶，但我相信80天后你将品到其中的甘甜，而未来的某一天当你再次回味时，嘴边泛起的一定是甜甜的微笑。亦如你喜欢的瑜伽。优美的线条，舒缓的气息以及超凡的气质，也是来自苦行僧般的磨炼。个中滋味，不必言说，你懂的！

收到老师们的鼓励卡，有的学生会跟别人分享，有的会独自反复细细品赏，有的会默默凝望小心珍藏，有的会写上一段感想装进出发的行囊。但所有人做了一件相同的事：暖流在内心荡漾，抬起头，毫无畏惧走向远方。

一位收到鼓励卡的同学在当天的班级日志中写道："老师们手写的卡片，拿在手上，暖在心里。一段简短直击灵魂的文字，让我从混乱的现状中猛醒，让我感受到自己永远不会独行。"

一张小小卡片，在天平上不过0.1克，简直微不足道。当它饱含师生的心灵对话时，它的重量就是无法用数据计量的了。这些发自肺腑的真诚的交流，就如同满天的繁星，点亮了一盏明灯，引导"追梦的少年"奔向未来的前程。

十年后，我成了您

在多年的班主任及管理工作中，我发现相当多的高中学生对自己的未来没有明确的规划，缺乏对自己的爱好特长的充分认知和毕业后做什么工作的理性考虑。这导致文理科选择时的盲目性和选修课程的"朝三暮四"，还导致很多学生在高考填报志愿时一味追逐热门专业，或者依赖父母以往的经历来选择大学。

我想，如果我们教师能在平时的教育教学工作中，根据学生的自身兴趣特长、学业水平、专业倾向、生涯发展意向，给予客观的、合理的人生规划建议和指导，就可以帮助学生明确学习目标，提升学习动力，更有助于填报高考志愿专业时"有的放矢"，为未来的人生发展打好基础。

做班主任时，我班有个女孩，乒乓球打得很好，学习成绩也不错。如果充分发挥自身体育特长，很有可能考上名牌大学。于是我指导她，对自己的学业和未来职业发展进行了清晰规划。高三的她，训练刻苦得法，技术很快提高。在我们与体育老师一起研究她的训练水平后，又单独为她请更优秀的教练来指导。她的学习成绩也如球技一样，"一路开挂"。最终，"生涯规划"让她顺利考入清华大学。在这个更高的平台，她的特长及她的不懈努力，让她梦想成真！

多年以来，她一直与我保持联系。她庆幸自己在高中阶段遇到了帮助她做学业规划及人生规划的好老师。

做管理工作后，我将"规划人生"纳入我的工作计划。全年级大会，班主任工作会，历史课都是我建议、指导"规划"的途径。时常还会有学生找我私下"聊天"。

那一年，高一学年即将结束时，学生们该选择文理了。课间，有人敲门，进来的是我任课班级的班长，他是来向我咨询选科的事。见到他进来，我马上放下手头正在忙的工作，打开桌边的一把折叠椅，让他坐下。他说："我本心喜欢学习文科，但是我对理科又有些不舍。况且，我听人说，学文的男生将来择业也不太乐观呢。我真的纠结呢。"我说："文科、理科的选择要根据自身特点和兴趣爱好，不能随波逐流。只要你足够优秀，无论学文、学理，将来都能有很好的发展……"他点点头说："老师我明白了，那我就决定学文科了。"

十年后的教师节，我从教三十年了。我意外地收到了当年这位班长写给我的一封信。

摘录其中一段："十年前，我是老师的学生。因为您的一句话，十年后，我成了学生们的教师。'知识不是你的感受，是用专业术语严谨地表达'，这是十年前您对我学业的叮嘱。'教育路上要做有心人，凡事不可潦草应付。教师无法陪伴学生一辈子，但能在中途帮学生蓄力'，这是十年后您对我职业的叮嘱。您对我学业及职业的引领已经熔铸进我人格底色。十年前，您让我坐在桌旁的红色椅子上，聆听我的困惑，为我指点迷津，那时的我，奢望有朝一日'成为您'，如您一样耕耘讲台。十年后，我的办公桌旁，也放了一把红色的折叠椅。无论成长的道路多崎岖，看着它，我内心很踏实。有那盏高擎的心'灯'在引路，我就不会迷惘。等我工作三十年时，我希望我可以骄傲地说'我真的成了您'。"

这是教师节我收到的最开心的礼物，也是我职业生涯的最大的幸福！

家访又是学访

苏霍姆林斯基说："教育的效果取决于学校和家庭教育的一致性。如果没有这种一致性，那么学校的教学和教育过程就会向纸做的房子一样倒塌下来。"

由于这个原因，我和我的同事们利用节假日，踏上了家访之路。

我印象最深刻的是去"阳光班"一位同学家进行访家。

那是在寒假里，冷风吹着的胡同口，一位清瘦但眼睛炯炯有神的少年，一位拄着双拐但满脸坚毅自信的父亲，站在寒风中等待我们。晨光洒在他们身上，父子相携，如雕像般。那是一帧定格在我记忆里的画面。父亲充满感激地与我们逐一握手，那是一双传递坚定与自信力量的粗糙但温暖的大手。

进到屋里，落座。这位同学面带微笑礼貌周到地照顾我们。父亲不疾不徐地介绍他的家庭：自己拄双拐，妻子失去双臂，儿子每天早晨 6:00 起床写作业，然后包揽所有家务，学习到深夜。国家给的扶贫、低保政策，学校的助学、帮扶资助，夫妻俩各尽所能，儿子懂事、上进、健康。话语中尽是满足、幸福和感恩。

生活在这样的家庭，学生的开朗、礼貌、自强让我深深感动！我们看到，自信、坚定、感恩的父亲是这位少年成长的力量源泉；磨难、困窘、不幸不过是这一家人生活的作料。在这个家庭中，自卑、抱怨、愁苦无处藏身；感恩、信心、希望无所不在。

这是怎样的一位伟大的父亲啊！他让我们懂了什么叫父爱如山、什么叫与命运抗争、什么叫乐观生活。这是怎样阳光上进的少年啊！他的可爱、阳光、懂事让我感动，让我尊敬，让我心疼，让我更努力工作。

胡同口，挥手道别！太阳升起来了，照在我们所有人的身上，暖暖的。

我的感受：家访本身又是学访。家访绝不是到学生家里，跟父母简单的通报学生情况，甚至说教一番。家访是个技术活。通过送"喜报"（年级优秀学生的一种奖励方式），可以激励优秀学生；通过"先扬后抑"，可以鞭策某方面不足的学生；通过观察、倾听，可以了解到更"立体"的学生，帮我们找到工作的精准切入点。除此以外，通过与有着不同境遇、不同职业、不同思维的家长们交流，他们的品德与智慧，他们的治家教子方式又能给我们以人生的启迪和管理的灵感。家访让我上了"瘾"。

我自从 2010 年暑期走上管理岗位到今年已近 12 个年头了。从开始严格机械执行规则的管理"小白"；到亦步亦趋模仿"导师"的"笨小鸭"；到慢慢尝试给导师的"菜谱"中加些"小作料"的"辅厨"；到现在基本独立"掌勺"的师傅，我内心一直很冷静。我始终都只是一个普通的农家女孩，一位一中的普通女教师。我很清楚我的缺点和优点一样突出，正是因为有领导们的指导与帮助、老师们的理解与包容、学生们的勤奋与上进，我才顺利地走过这些年。

我深感幸运，我与一大群追逐梦想的人一起前行！抬头有清晰的远方，低头有坚定的脚步，回头有一路的故事……

[1] 李波 . 探讨高中历史教学中渗透家国情怀教育的途径 [J]. 文化创新比较研究，2018，2（23）：189—190.

[2] 郭菲菲 . 基于家国情怀的高中历史教学研究 [D]. 陕西师范大学，2018.

[3] 吕玉杰 . 高中历史教学中的家国情怀教育探析 [J]. 学周刊，2018（17）：29—30.

[4] 何英 . 高中历史教学中学生史料实证素养的培养策略探究 [J]. 西部素质教育，2018，4（04）：74—75.

[5] 林德田 . 家国情怀教育的本质是培养天下情怀 [J]. 历史教学（上半月刊），2017（09）：44—47.

[6] 左言琴 . 如何在高中历史教学中渗入家国情怀教育 [J]. 读与写（教育教学刊），2017，14（08）：139.

[7] 郭惠聪 . 高中历史教学中的家国情怀教育 [J]. 读与写（教育教学刊），2017，14（06）：125.

[8] 于薇薇 . 高中历史课堂教学与家国情怀素养的培养 [D]. 哈尔滨师范大学，2017.

[9] 乔凯. 核心素养培养视域下的高中历史史料教学研究 [D]. 山东师范大学，2017.

[10] 马维林. 高中历史教学的美育渗透策略 [J]. 教育理论与实践，2017，37（02）：52—54.

[11] 皋银飞. 高中历史教学中的家国情怀教育 [J]. 中学课程辅导（教师通讯），2016（17）：66.

[12] 高月新. 高中历史教学中学生人文素养的培养 [J]. 教育理论与实践，2016，36（23）：55—57.

[13] 陈凤格. 浅论高中历史教学中价值观的教育 [J]. 亚太教育，2016（12）：51.

[14] 董岩. 浅谈微课在高中历史课程教学中的应用 [J]. 学周刊，2016（11）：81—82.

[15] 程燕. 高中历史教学中培养学生历史时空观念的策略研究 [D]. 福建师范大学，2016.

[16] 唐贤美. 论高中历史教学中情境教学与情感教育的结合 [J]. 学周刊，2016（01）：140.

[17] 刘伟. 职业生涯规划教育在高中历史教学中的渗透 [D]. 华中师范大学，2015.

[18] 王柳宁. 关于高中历史人物教学的几个问题 [D]. 陕西师范大学，2015.

[19] 梁佳斌. 高中历史教学中的家国情怀教育 [D]. 四川师范大学，2015.

[20] 马维林，黄敏. 高中历史教学中价值教育的核心目标及实施策略 [J]. 教育理论与实践，2015，35（05）：54—56.

[21] 韩丽美. 高中历史教学中历史思维能力培养初探 [D]. 山东师范大学，2014.

[22] 王勤. 高中历史教学中学生社会责任感的培养研究 [D]. 山东师范大

学，2014.

[23] 李慧源．唯物史观与中学历史教学研究 [D].河南大学，2014.

[24] 周滔滔．高中历史教学以问题意识为中心的课堂教学改革 [D].南京师范大学，2014.

[25] 朱辉．高中历史教学中人文精神的培养研究 [D].山东师范大学，2014.

[26] 黄晓燕．新课改下中学历史生活化教学研究 [D].山东师范大学，2014.

[27] 隋晓朦．思维导图在高中历史教学中的应用研究 [D].南京师范大学，2015.

[28] 张汉林．试论高中历史教育的三维目标 [J].课程．教材．教法，2014，34（02）：94—98.

[29] 戴红艳．论高中历史教学中情境教学与情感教育的结合 [J].成功（教育），2013（23）：155.

[30] 褚晓丽．高中历史课堂史料教学的策略研究 [D].苏州大学，2013.

[31] 郑琳娟．高中历史教学中多元文化意识培养的探究 [D].浙江师范大学，2013.

[32] 徐冉．增强初高中历史教学衔接研究初探 [D].首都师范大学，2013.

[33] 郭薇薇．高中历史教科书中史料的分类及其在教学中的运用 [D].陕西师范大学，2013.

[34] 赵明安．高中历史教学链接乡土历史的实践研究 [D].广西师范大学，2013.

[35] 唐瑾．论综合运用多种史观来提高高中历史教学有效性 [D].华中师范大学，2012.

[36] 张燕．论高中历史教学模式的创新与意义 [J].中国校外教育，2012（28）：39—40.

[37] 夏红春. 对人教社 2003 版、2007 版高中历史教科书的比较研究 [D]. 湖南师范大学，2012.

[38] 郭建勋. 论高中历史教学中情境教学与情感教育的结合 [D]. 福建师范大学，2012.

[39] 许鹭. 新课程背景下高中历史人物教学的现状分析与对策研究 [D]. 东北师范大学，2012.

[40] 谢盛. 人民版高中历史教科书评述 [D]. 华东师范大学，2012.

[41] 陈二力. 史学研究理论成果对高中历史教学的指导 [D]. 重庆师范大学，2012.

[42] 浦永清. 基于社会史观的高中历史教学变革研究 [D]. 苏州大学，2011.

[43] 汤春红. 高中历史情感态度与价值观教育的有效性研究 [D]. 苏州大学，2011.

[44] 李然. 新课标高中历史教科书的研究现状及展望 [D]. 四川师范大学，2011.

[45] 刘金春. 新课程背景下的高中历史课堂教学 [J]. 河南科技，2010（22）：63.

[46] 韩秀英. 高中历史教学情感教育的研究及实施策略 [D]. 东北师范大学，2010.

[47] 乔芳. 对高中历史教学中实施情感教育的理性思考 [D]. 东北师范大学，2010.

[48] 常秀梅. 近百年中国历史观念变迁与中学历史教学 [D]. 山东大学，2010.

[49] 邵明山. 新课程背景下高中历史教师专业发展问题探究 [D]. 东北师范大学，2009.

[50] 庄小红. 浅论高中历史教学中价值观的教育 [D]. 东北师范大学，

2009.

[51] 马其凤 . 史料资源在高中历史教科书中的开发利用 [D]. 华东师范大学，2009.

[52] 顾卫星 . 高中历史课堂教学目标的设计研究 [D]. 南京师范大学，2008.

[53] 陈其 . 明确中国高中历史教育的核心目标 [J]. 课程 . 教材 . 教法，2008（06）：67—73+78.

[54] 贺子刚 . 改革开放以来人教版高中历史教科书演变与发展论析 [D]. 上海师范大学，2008.

[55] 仇晓雯 .21 世纪初国家课程标准版高中历史教科书内容体系研究 [D]. 上海师范大学，2008.

[56] 胡松柏 . 历史影视作品应用于高中历史教学的探究 [D]. 西北师范大学，2007.

[57] 李高山 . 高中历史教学中的公民意识教育初探 [D]. 山东师范大学，2007.

[58] 王小龙 . 新课程背景下高中历史情感态度价值观教育 [D]. 江西师范大学，2007.

[59] 赵亚夫 . 高中历史课程改革与历史教育的现代化——围绕普通高中《历史课程标准》的反思 [J]. 教育学报，2006（04）：36—44.

[60] 王金成 . 新世纪高中历史教育中爱国主义情感教育的偏失与调整 [D]. 天津师范大学，2006.

[61] 谢芳青 . 高中历史人物教学与健全人格教育的教学实践探索 [D]. 江西师范大学，2005.

[62] 林勤 . 高中历史教学中渗透环境教育的研究 [D]. 广西师范大学，2005.

[63] 刘晖龙 . 高中历史课堂开放性教学的探索与实践 [D]. 广西师范大学，

2005.

[64] 何凡.高中历史课程标准的特点和功能——课程标准与教学大纲的比较分析 [J].中学历史教学参考，2004（06）：46—48.

[65] 朱汉国.浅议普通高中历史课程体系的新变化 [J].历史教学，2003（10）：12—15.

[66] 詹耀强.高中历史教学与学生综合能力的培养 [D].福建师范大学，2003.

[67] 刘军.对普通高中历史课程性质和基本理念的认识——《普通高中历史课程标准（实验）》浅析 [J].历史教学，2003（07）：5—8.

[68] 李稚勇.论史料教学的价值——兼论中学历史教学发展趋势《课程·教材·教法》，2006（09）：61—66.

[69] 黄庆格、刘烜.浅谈中学历史教学中的史料运用，《中文信息》，2016（05）：117—118.

[70] 滕晶.中医五神之魂魄要素探论，《中国中医急症》2011（12）.

[71] 范志洁.新时代青年的时代使命与历史责任，《现代交际》2018（03）.

[72] 柳夕浪.从"素质"到"核心素养"——关于"培养什么样的人"的进一步追问，《教育科学研究》，2014（03）.

[73] 艾略特·阿伦森.《社会性动物》华东师范大学出版社出版，2007（12）.

[74] 赵利剑.《历史：一堂人文课》教育科学出版社，2012（08）：32.

　　从计划写这本书到最终搁笔，历经数月。期间，有刚动笔时的徘徊犹豫；有草拟结构时的推敲否定；有词不达意时的举步维艰；有思路混乱时的不知所云；有获得灵感时的欲罢不能；有沉思往事时的夜不成寐；有完成初稿时的些许轻松；有两位导师百忙之中欣然应诺作"序"时的欣喜感动……

　　这本小书终能完成，得益于教育部名师领航工程首师大基地导师们的鼓励和支持；得益于同事朋友们的鼎力相助；也得益于我平时教育教学工作原始素材的积累和保留、目标确定之后的全力以赴，以及"人总是要逼自己一把"的自我挑战。但归根结底，得益于"教育部名师领航工程"这个国家级平台及武清区委人才办、武清区教育局的大力支持。没有这些，就根本没有这本小书的面世。

　　回望三十年走过的路，感恩之情涌满心怀。再次重拾过往的点点滴滴，更加深刻体会到是老一辈用心培养了我，是学生勤勉上进督促了我，是同事们的帮助支持了我，是导师们的引领了提升了我，是杨村一中这块沃土滋养了我，是繁荣稳定的社会环境成就了我。所有这一切，使我在成为好老师的"追梦路上"越走越稳，越走越远。

这个时代从不辜负努力的人，它只是磨练我们，磨练每一个为追逐梦想而辛勤付出的普通人。我相信，只要脚踏实地地走好每一步，定能在未来遇到更好的自己。

谨以此书，衷心感谢所有在我成长路上帮助过我的"贵人"们！感谢在此书编写过程中给予我倾情帮助的朋友们！

由于时间仓促，水平有限，错误与疏漏在所难免，敬请惠予指正。

本书在编写过程中借鉴和参考了国内外知名专家的理论和思想，在此一并表示感谢！

龚玉玲

2021年4月